알고 보니 경록이다

우리나라 부동산전문교육의 본산 경록 1957

머리말

매년 99% 문제가 경록 교재에서!!

경록 교재는 공인중개사사 시험 통계작성 이후 26년간 매년 99% 문제가 출제되는 독보적 정답률을 기록한 유일한 교재입니다. 경록은 우리나라 부동산 교육의 본산이며 경록교재는 우리나라 부동산교육의 정통한 역사를 이끌어가는 오리지널 교재입니다.

이 교재는 우리나라 부동산교육의 본산인 경록의 67년간 축적된 전문성을 기반으로 130여 명의 역대 최대 '시험출제위원 부동산학 대학교수그룹'이 제작, 해마다 완성도를 높여가며 시험을 리드하는 교재입니다.

특히 경록의 온라인과정 전문기획인강은 언택트시대를 리드하는 뉴 트렌드가 되었습니다. 업계 최초로 1998년부터 〈경록 + MBN TV 족집게강좌〉 8년, 현재까지 27년차 검증된 99%족집게강좌입니다.
일반 학원의 6개월에 1회 수강과정을 경록에서는 1개월마다 2회 반복완성이 가능합니다.

경록의 전문성이 곧 합격의 지름길로 이끌어 드립니다. 성공은 경록과 함께 시작됩니다.

여러분의 건투를 빕니다.

지속가능한 직업
공인중개사

▌공인중개사란

🔍 공인중개사?
공인중개사법령에 의한 공인중개사자격을 취득한 자를 말한다(「공인중개사법」 제2조 제2항).

🔍 중개업?
중개업은 다른 사람의 의뢰에 의하여 일정한 보수를 받고 중개대상물에 대한 거래당사자 간의 매매, 교환, 임대차 그 밖의 권리의 득실변경에 관한 행위의 알선을 업으로 하는 것이다(「공인중개사법」 제2조 제1호, 제3호 참조).

🔍 중개대상물?

토지	건축물 그 밖의 토지의 정착물	입목
광업재단	공장재단	분양권	입주권

(대판 2000.6.19. 2000도837 등 참조)

▌개업 공인중개사 업역
(「공인중개사법」 제14조 참조)

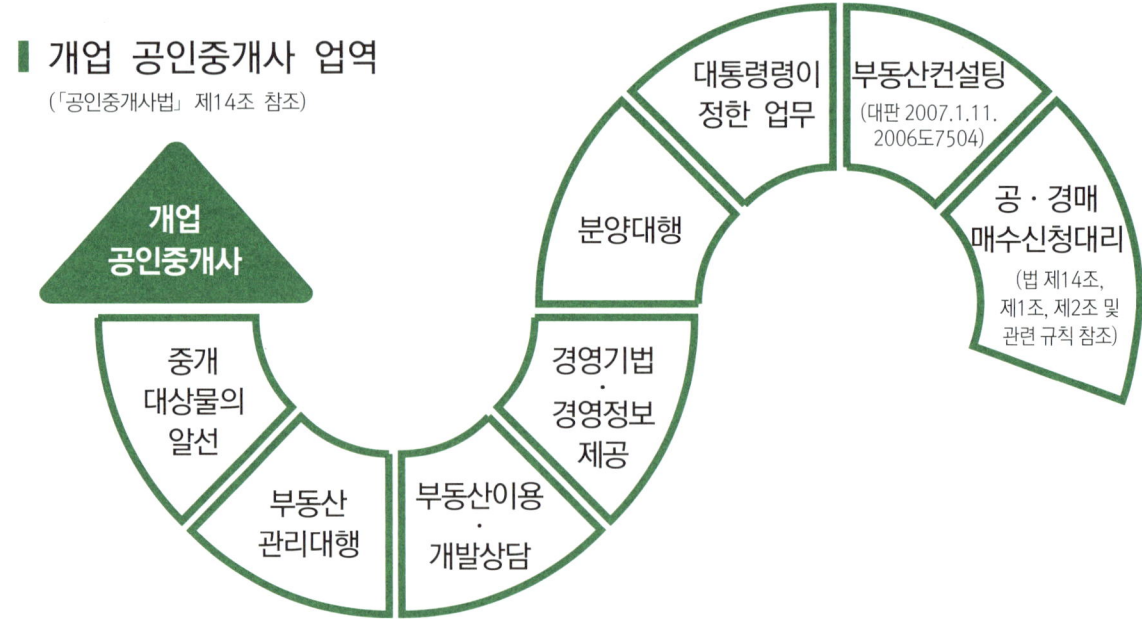

개업(창업)

중개업의 개업은 공인중개사시험에 합격한 후 소정의 교육을 받고, 개설코자 하는 사무소 소재지 시·군·구청에 "사무소" 개설 등록을 하면 된다.

개인중개사무소, 합동중개사무소, 법인중개사무소를 개설하여 영위할 수 있다.

세상에는 수많은 직업이 있으나 돈이 되고, 시장규모가 크고, 경제성이 높고, 일반 진입이 용이한 직업은 거의 없다.

100세가 되어도 건강하면 경제활동이 가능하고, 시장규모가 크고, 높은 경제성이 있고, 일반 진입이 가능한 직업은 공인중개사뿐이다.

법정취업

- **개인중개사무소, 합동중개사무소, 법인공인중개사무소의 소속공인중개사로 취업**
  11만 4천여 개(법인 포함) 중개업체의 소속공인중개사, 법인의 사원 또는 임원으로 취업 (2021현재)

- **특수 중개법인 취업** (「공인중개사법」 제9조 참조)
  - **지역농업협동조합** : 농지의 매매·교환·임대차 업무
  - **산림조합** : 임야, 입목의 매매·교환 업무
  - **산업단지관리기관** : "산단" 내 공장용지·건축물의 매매·임대차 업무
  - **자산관리공사** : 금융회사 부실자산 등 비업무용 부동산의 매매 업무

일반취업(가산점 등)

공인중개사 수요는 경제성장과 함께 폭발적으로 증가한다.

국내외 부동산투자회사, 부동산투자신탁회사, LH토지주택공사, SH공사 등 각 지자체공사, 금융기관, 보험기관 등에서 유자격자를 내부적으로 보직 고려나 승급 시 가산점을 부여한다.

일반기업, 공무원 등에서 보직 참고, 승급 등의 업무소양을 가늠하는 전문자격 및 직능향상 기능을 한다.

탁월한 선택

경록의 선택은 탁월한 선택입니다. 우리나라 부동산교육의 본산으로서 65년 전통과 축적된 전문성, 그리고 국내 최대 전문가 그룹이 서포트합니다.

부동산학을 독자연구 정립하고, 최초로 한국부동산학회를 설립하였으며 대학원에 최초로 독립학과를 설립 교육하고, 공인중개사 제도를 주창, 시험시행 전부터 교육해 시험을 리드한 역사적 전통과 축적을 이룬 기관은 경록뿐입니다(설립자 김영진 박사 1957~현재).

공인중개사 시험

■ 시험일정 : 매년 1회 1, 2차 동시 시행

시험 시행기관 등	인터넷 시험접수	시험일자	응시자격
• 법률근거 : 공인중개사법 • 주무부 : 국토교통부 • 시행기관 : 한국산업인력공단	• 매년 8월 둘째 주 5일간 • 특별추가 접수기간 : 별도 공지 일정은 변경될 수 있음	매년 10월 마지막 토요일	학력, 연령, 내·외국인 제한 없이 누구나 가능 (법에 의한 응시자격 결격사유에 해당하는 자는 제외)

※ 큐넷(http://www.q-net.or.kr) 참조, 이상의 일정 등은 변경될 수 있습니다.

■ 시험과목 및 시험방법

구 분	시험과목	시험방법	문항 수	시험시간	휴대

1차 시험
1교시
(2과목)
	■ 부동산학개론
	  (부동산감정평가론 포함)
	■ 민법 및 민사특별법 중
	  부동산중개에 관련되는 규정
		객관식
		5지선다형
			과목당
			40문항
			(1번~80번)
				100분
				(9:30~11:10)
					계산기

2차 시험 1교시 (2과목)	■ 공인중개사의 업무 및 부동산거래신고 등 에 관한 법령·중개실무 ■ 부동산공법 중 부동산중개에 관련되는 규정		과목당 40문항 (1번~80번)	100분 (13:00~14:40)	

2차 시험
2교시
(1과목)
	■ 부동산공시에 관한 법령(「부동산등기법」,
	  「공간정보의 구축 및 관리등에 관한 법률」)
	  및 부동산 관련 세법
			40문항
			(1번~40번)
				50분
				(15:30~16:20)	

※ 답안작성 시 법령이 필요한 경우는 시험시행일 현재 시행되고 있는 법령을 기준으로 작성

주의사항
1. 수험자는 반드시 입실시간까지 입실하여야 함(시험시작 이후 입실 불가)
2. 개인별 좌석배치도는 입실시간 20분 전에 해당 교실 칠판에 별도 부착함
3. 위 시험시간은 일반응시자 기준이며, 장애인 등 장애유형에 따라 편의제공 및 시험시간 연장가능
   (장애 유형별 편의제공 및 시험시간 연장 등 세부내용은 큐넷 공인중개사 홈페이지 공지사항 참조)

▌합격기준

구분	합격결정기준
1차 시험	매 과목 100점을 만점으로 하여 매 과목 40점 이상, 전 과목 평균 60점 이상 득점한 자
2차 시험	

▌시험과목 및 출제비율

구 분	시험과목	출제범위	출제비율
1차 시험 (2과목)	부동산학개론 (부동산감정평가론 포함)	부동산학개론	85% 내외
		부동산감정평가론	15% 내외
	민법 및 민사특별법 중 부동산중개에 관련되는 규정	민법(총칙 중 법률행위, 질권을 제외한 물권법, 계약법 중 총칙·매매·교환·임대차)	85% 내외
		민사특별법(주택임대차보호법, 집합건물의 소유 및 관리에 관한 법률, 가등기담보 등에 관한 법률, 부동산 실권리자명의 등기에 관한 법률, 상가건물 임대차보호법)	15% 내외
2차 시험 (3과목)	공인중개사의 업무 및 부동산거래신고 등에 관한 법령·중개실무	공인중개사법, 부동산거래신고 등에 관한 법률	70% 내외
		중개실무	30% 내외
	부동산공법 중 부동산중개에 관련되는 규정	국토의 계획 및 이용에 관한 법률	30% 내외
		도시개발법, 도시 및 주거환경정비법	30% 내외
		주택법, 건축법, 농지법	40% 내외
	부동산공시에 관한 법령(「부동산등기법」, 「공간정보의 구축 및 관리등에 관한 법률」) 및 부동산 관련 세법	부동산등기법	30% 내외
		공간정보의 구축 및 관리 등에 관한 법률 (제2장 제4절 및 제3장)	30% 내외
		부동산 관련 세법(상속세, 증여세, 법인세, 부가가치세 제외)	40% 내외

차 례

Part 1　민법총칙(법률행위)

제1장　서 설
- 1강　서설(Ⅰ) ··· 4
- 2강　서설(Ⅱ) ··· 6
- 3강　서설(Ⅲ) ··· 7

제2장　법률행위의 목적
- 4강　목적의 확정성, 가능성 ·· 10
- 5강　목적의 적법성 ·· 11
- 6강　목적의 타당성(Ⅰ) ·· 13
- 7강　목적의 타당성(Ⅱ) ·· 14
- 8강　목적의 타당성(Ⅲ) ·· 14
- 9강　불공정한 법률행위 ··· 16
- 10강　법률행위의 해석 ·· 17

제3장　의사표시
- 11강　의사표시 서설 ··· 20
- 12강　진의 아닌 의사표시 ·· 21
- 13강　통정허위표시 (가장행위)(Ⅰ) ·· 23
- 14강　통정허위표시 (가장행위)(Ⅱ) ·· 24
- 15강　통정허위표시 (가장행위)(Ⅲ) ·· 25
- 16강　착오로 인한 의사표시(Ⅰ) ·· 26
- 17강　착오로 인한 의사표시(Ⅱ) ·· 28
- 18강　착오로 인한 의사표시(Ⅲ) ·· 29
- 19강　하자 있는 의사표시(Ⅰ) ·· 31
- 20강　하자 있는 의사표시(Ⅱ) ·· 33
- 21강　비정상적인 의사표시 ·· 34
- 22강　의사표시의 효력발생 ·· 37

제4장　법률행위의 대리
- 23강　대리 서설 ·· 39
- 24강　대리권(Ⅰ) ··· 41
- 25강　대리권(Ⅱ) ··· 43
- 26강　대리행위 ·· 45
- 27강　복대리 ·· 47
- 28강　표현대리(Ⅰ) ··· 49

29강 표현대리(Ⅱ) ··· 51
30강 협의의 무권대리(Ⅰ) ·· 53
31강 협의의 무권대리(Ⅱ) ·· 54

제5장 무효와 취소

32강 법률행위의 무효(Ⅰ) ·· 56
33강 법률행위의 무효(Ⅱ) ·· 58
34강 법률행위의 무효(Ⅲ) ·· 59
35강 법률행위의 취소(Ⅰ) ·· 61
36강 법률행위의 취소(Ⅱ) ·· 62

제6장 법률행위의 부관

37강 법률행위의 부관(Ⅰ) - 조건 ·· 65
38강 법률행위의 부관(Ⅱ) - 조건 ·· 67
39강 법률행위의 부관(Ⅲ) - 기한 ·· 68

Part 2 물권법

제1장 물권법 총설

40강 물권법 총설(Ⅰ) ·· 72
41강 물권법 총설(Ⅱ) ·· 73
42강 물권의 효력(Ⅰ) ·· 77
43강 물권의 효력(Ⅱ) ·· 78

제2장 물권의 변동

44강 물권의 변동(Ⅰ) - 총설 ·· 80
45강 물권의 변동(Ⅱ) - 등기 ·· 82
46강 물권의 변동(Ⅲ) - 법률행위에 의한 물권변동 ···································· 84
47강 물권의 변동(Ⅳ) - 등기의 실질적 유효요건 ·· 86
48강 물권의 변동(Ⅴ) - 법률행위에 의하지 않은 물권변동 ·························· 87
49강 물권의 변동(Ⅵ) - 등기청구권 ·· 88
50강 물권의 변동(Ⅶ) - 등기의 효력 등 ·· 90
51강 물권의 변동(Ⅷ) - 동산물권의 변동 ·· 93
52강 물권의 변동(Ⅸ) - 명인방법 ·· 94
53강 물권의 변동(Ⅹ) - 물권의 혼동(Ⅰ) ·· 95
54강 물권의 변동(ⅩⅠ) - 물권의 혼동(Ⅱ) ·· 96

제3장 점유권

- 55강 점유권(Ⅰ) – 총설 · 98
- 56강 점유권(Ⅱ) – 점유의 태양 · 99
- 57강 점유권의 취득과 상실, 점유의 추정력 · 101
- 58강 점유자와 회복자의 관계 · 103
- 59강 점유보호권, 자력구제권 · 104

제4장 소유권

- 60강 소유권 – 총설 · 107
- 61강 토지소유자간의 상린관계(Ⅰ) · 108
- 62강 토지소유자간의 상린관계(Ⅱ) · 109
- 63강 취득시효(Ⅰ) · 111
- 64강 취득시효(Ⅱ) · 112
- 65강 취득시효(Ⅲ) · 113
- 66강 취득시효(Ⅳ) · 114
- 67강 취득시효(Ⅴ) · 115
- 68강 취득시효(Ⅵ) · 116
- 69강 선점·습득·발견 · 117
- 70강 첨부(부합·혼화·가공) · 118
- 71강 물권적 청구권 · 120
- 72강 공동소유(Ⅰ) · 121
- 73강 공동소유(Ⅱ) · 122
- 74강 공동소유(Ⅲ) · 124
- 75강 공동소유(Ⅳ) · 125
- 76강 공동소유(Ⅴ) · 126
- 77강 공동소유(Ⅵ) · 127

제5장 용익물권

- 78강 지상권(Ⅰ) · 129
- 79강 지상권(Ⅱ) · 130
- 80강 지상권(Ⅲ) · 131
- 81강 (특수한) 지상권(Ⅳ) · 132
- 82강 (제366조상의 법정) 지상권(Ⅴ) · 133
- 83강 (관습법상의 법정) 지상권(Ⅵ) · 135
- 84강 (관습법상의 법정) 지상권(Ⅶ) · 136
- 85강 지역권(Ⅰ) · 137
- 86강 지역권(Ⅱ) · 138
- 87강 전세권(Ⅰ) · 139
- 88강 전세권(Ⅱ) · 140
- 89강 전세권(Ⅲ) · 140
- 90강 전세권(Ⅳ) · 141
- 91강 전세권(Ⅴ) · 143
- 92강 전세권(Ⅵ) · 144

제6장 담보물권

- 93강 담보물권 총설(Ⅰ) ······ 145
- 94강 담보물권 총설(Ⅱ) ······ 146
- 95강 유치권(Ⅰ) ······ 147
- 96강 유치권(Ⅱ) ······ 148
- 97강 유치권(Ⅲ) ······ 149
- 98강 유치권(Ⅳ) ······ 149
- 99강 저당권(Ⅰ) ······ 151
- 100강 저당권(Ⅱ) ······ 153
- 101강 저당권(Ⅲ) ······ 154
- 102강 저당권(Ⅳ) ······ 155
- 103강 저당권(Ⅴ) ······ 157
- 104강 저당권(Ⅵ) ······ 159
- 105강 저당권(Ⅶ) ······ 160
- 106강 저당권(Ⅷ) ······ 161
- 107강 저당권(Ⅸ) ······ 162
- 108강 저당권(Ⅹ) ······ 163

Part 3 계약법

제1장 계약총론

- 109강 계약서설(Ⅰ) ······ 168
- 110강 계약서설(Ⅱ) ······ 169
- 111강 계약서설(Ⅲ) ······ 171
- 112강 계약의 성립(Ⅰ) ······ 173
- 113강 계약의 성립(Ⅱ) ······ 174
- 114강 계약의 성립(Ⅲ) ······ 175
- 115강 계약의 효력(Ⅰ) ······ 178
- 116강 계약의 효력(Ⅱ) ······ 179
- 117강 계약의 효력(Ⅲ) ······ 181
- 118강 계약의 효력(Ⅳ) ······ 183
- 119강 계약의 효력(Ⅴ) ······ 184
- 120강 계약의 해제·해지(Ⅰ) ······ 185
- 121강 계약의 해제·해지(Ⅱ) ······ 186
- 122강 계약의 해제·해지(Ⅲ) ······ 187
- 123강 계약의 해제·해지(Ⅳ) ······ 189
- 124강 계약의 해제·해지(Ⅴ) ······ 191

제2장 계약각론

- 125강 매매(Ⅰ) ·· 193
- 126강 매매(Ⅱ) ·· 194
- 127강 매매(Ⅲ) ·· 195
- 128강 매매(Ⅳ) ·· 197
- 129강 매매(Ⅴ) ·· 199
- 130강 매매(Ⅵ) ·· 200
- 131강 매매(Ⅶ) ·· 201
- 132강 매매(Ⅷ) ·· 202
- 133강 매매(Ⅸ) ·· 204
- 134강 임대차(Ⅰ) ·· 206
- 135강 임대차(Ⅱ) ·· 207
- 136강 임대차(Ⅲ) ·· 208
- 137강 임대차(Ⅳ) ·· 210
- 138강 임대차(Ⅴ) ·· 212
- 139강 임대차(Ⅵ) ·· 213
- 140강 임대차(Ⅶ) ·· 214
- 141강 임대차(Ⅷ) ·· 215
- 142강 임대차(Ⅸ) ·· 217
- 143강 임대차(Ⅹ) ·· 220

Part 4 민사특별법

제1장 주택임대차보호법

- 144강 주택임대차보호법(Ⅰ) ·· 226
- 145강 주택임대차보호법(Ⅱ) ·· 227
- 146강 주택임대차보호법(Ⅲ) ·· 228
- 147강 주택임대차보호법(Ⅳ) ·· 229
- 148강 주택임대차보호법(Ⅴ) ·· 230
- 149강 주택임대차보호법(Ⅵ) ·· 233
- 150강 주택임대차보호법(Ⅶ) ·· 234
- 151강 주택임대차보호법(Ⅷ) ·· 236

제2장 상가건물 임대차보호법

- 152강 상가건물 임대차 보호법(Ⅰ) ··· 238
- 153강 상가건물 임대차 보호법(Ⅱ) ··· 239
- 154강 상가건물 임대차 보호법(Ⅲ) ··· 240
- 155강 상가건물 임대차 보호법(Ⅳ) ··· 242

제3장 가등기담보 등에 관한 법률

- 156강 가등기담보 등에 관한 법률(Ⅰ) ······ 245
- 157강 가등기담보 등에 관한 법률(Ⅱ) ······ 246
- 158강 가등기담보 등에 관한 법률(Ⅲ) ······ 248

제4장 집합건물의 소유 및 관리에 관한 법률

- 159강 집합건물의 소유 및 관리에 관한 법률(Ⅰ) ······ 251
- 160강 집합건물의 소유 및 관리에 관한 법률(Ⅱ) ······ 252
- 161강 집합건물의 소유 및 관리에 관한 법률(Ⅲ) ······ 254
- 162강 집합건물의 소유 및 관리에 관한 법률(Ⅳ) ······ 256
- 163강 집합건물의 소유 및 관리에 관한 법률(Ⅴ) ······ 257
- 164강 집합건물의 소유 및 관리에 관한 법률(Ⅵ) ······ 258
- 165강 집합건물의 소유 및 관리에 관한 법률(Ⅶ) ······ 260

제5장 부동산 실권리자명의 등기에 관한 법률

- 166강 부동산 실권리자명의 등기에 관한 법률(Ⅰ) ······ 262
- 167강 부동산 실권리자명의 등기에 관한 법률(Ⅱ) ······ 263
- 168강 부동산 실권리자명의 등기에 관한 법률(Ⅲ) ······ 264

PART 01 민법총칙(법률행우

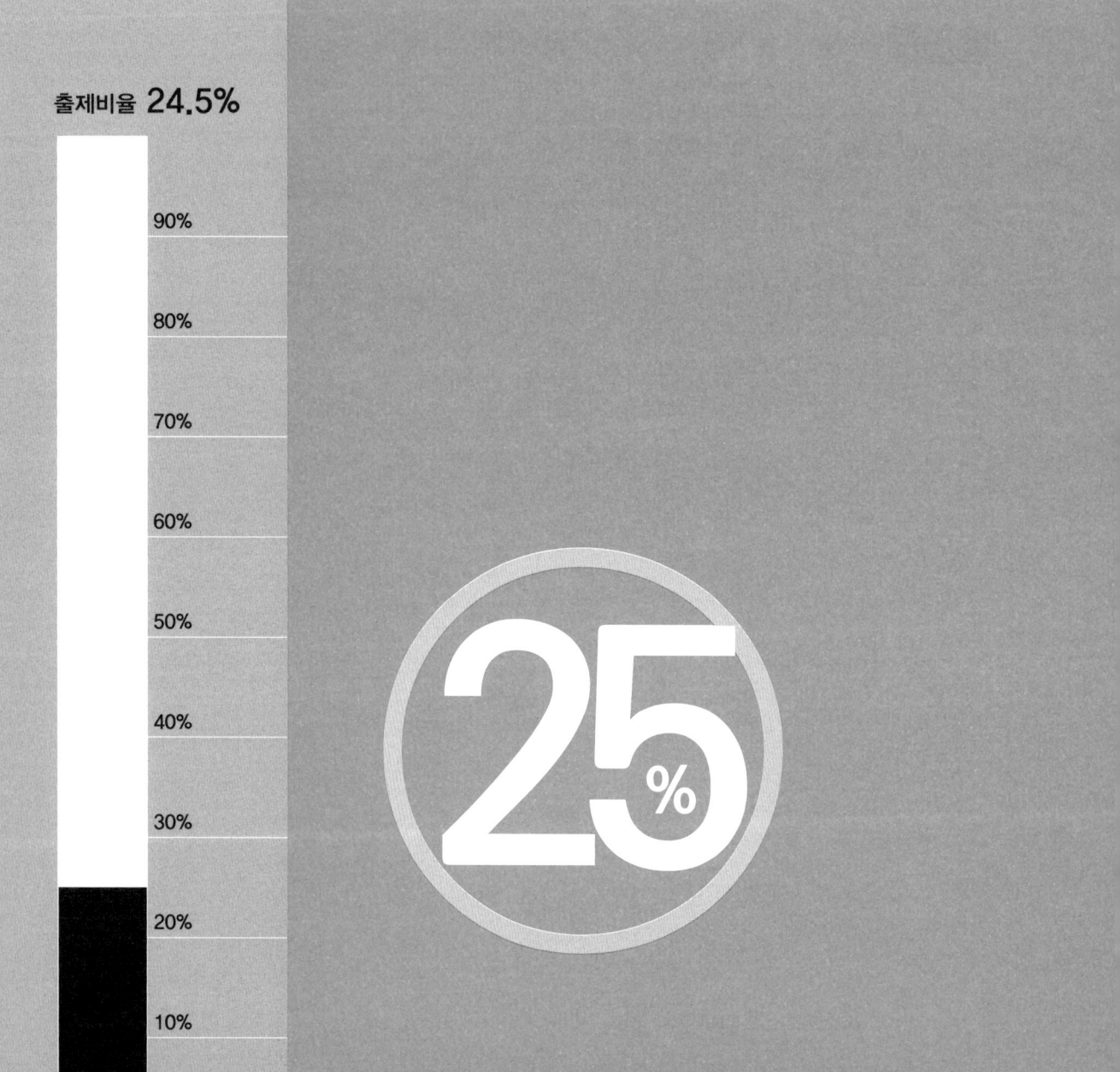

	구 분	25회	26회	27회	28회	29회	30회	31회	32회	33회	34회	계	비율(%)
민법 총칙	제1장 서설	0	1	0	0	0	0	0	0	1	1	3	0.8
	제2장 법률행위의 목적·해석	3	2	1	3	1	2	0	2	0	2	16	4.0
	제3장 의사표시	3	2	5	1	1	2	4	2	1	1	22	5.5
	제4장 법률행위의 대리	2	2	2	2	3	4	4	3	4	3	29	7.2
	제5장 무효와 취소	2	2	1	1	4	1	1	2	3	2	19	4.8
	제6장 부관(조건과 기한)	1	0	0	2	1	1	1	1	1	1	9	2.3
	소 계	11	9	9	9	10	10	10	10	10	10	98	24.5

서 설

1강 서설(Ⅰ)

▶ 권리변동

1 권리의 발생

(1) **원시취득**(절대적 발생) : 권리가 새롭게 발생

　　건물의 신축, 선의취득, 시효취득

(2) **승계취득**(상대적 발생) : 타인으로부터 이어받음

　1) 이전적 승계 : 포괄승계, 특정승계

　2) 설정적 승계 : 제한물권의 설정

　　🔖 경매에 의한 권리 취득 ; 승계취득

2 권리의 변경

권리가 동일성을 유지하면서 주체, 내용, 작용의 변경

(1) **주체의 변경** : 이전적 승계

(2) **내용의 변경**

　1) 질적 변경 : 물건인도채권 > 손해배상채권

　2) 양적 변경 : 소유권의 객체 > 제한물권의 설정·소멸

(3) **작용의 변경** : 저당권의 순위 승진

3 권리의 소멸

(1) **절대적 소멸**

　　권리의 절대적·객관적 건물의 멸실, 토지의 포락

(2) **상대적 소멸**

　　권리의 상대적·주관적 소멸(이전적 승계)

▶ **법률사실**

(1) 법률요건

　법률효과 발생의 원인(법률행위 > 계약 > 매매)

(2) 법률사실

　법률요건의 구성요소, 법률효과 발생(×) (의사 표시 > 청약, 승낙)

1 용 태 : 사람의 정신 작용

(1) 외부적 용태

　1) 적법행위 : <u>의사표시, 준법률행위</u>

　2) 위법행위 : 불법행위, 채무불이행

(2) 내부적 용태

　선의, 악의, 소유의 의사

2 사 건 : 사람의 정신 작용과 무관

(1) 시간의 경과

(2) 사람의 생사

2강 서설(Ⅱ)

▶ 법률행위의 의의

(1) 의의 : 일정한 법률효과발생을 목적으로 하는 하나 또는 수 개의 의사표시를 필수요소로 구성된 법률요건

(2) 법률행위의 성질

  1) 당사자가 의욕하는 대로 법률효과 발생

  2) 의사표시와의 관계

    ① 의사표시를 구성요소로 한다.

    ② 의사표시가 불가결의 요소이므로 의사표시 없는 법률행위는 있을 수 없다.

    ③ 의사표시 이외의 요소도 요구되는 경우(예컨대 법인설립에서의 허가)도 있으므로 의사표시와 동의어는 아니다.

(3) 준법률행위와의 구별

  1) 준법률행위(법률적 행위)의 의의

    일정한 정신작용을 요소로 하고, 당사자가 의욕하는 바가 아니라 법률의 규정에 의하여 효력발생

  2) 종류

    ① 표현행위

      ㉠ 의사의 통지 : 최고(무권대리행위의 상대방), 거절

      ㉡ 관념의 통지 : 채권양도의 통지, 승낙 연착의 통지

      ㉢ 감정의 표시 : 수증자의 망은 행위에 대한 용서

    ② 비표현행위 : 순수사실행위(선점, 습득, 발견), 혼합사실행위(물건의 인도)

	내용	효과 발생의 근거
법률행위	의사표시	당사자가 의욕하는 바
준법률행위	기타의 정신작용	법률의 규정

▶ 법률행위의 요건

	성립요건	효력요건
일반적 요건	당사자, 목적, 의사표시	권리능력, 의사능력, 행위능력, 목적의 확정, 가능, 적법, 타당, 의사=표시, 하자 없을 것
특별요건	혼인, 입양의 신고, 유언의 방식	대리권의 존재, 조건의 성취, 유언자의 사망, 등기·인도
결여의 효과	불성립, 부존재	무효, 취소
입증책임	법률효과 주장자	무효, 취소 주장자

판례 농지취득자격증명 : 성립요건(×), 효력요건(×)

판례 농지를 취득할 수 없는 회사가 체결한 농지매매계약의 효력(무효) ; 원시불능

▶ 법률행위의 종류

1 의사표시의 개수·방향에 따라서

(1) **단독행위**
  1) 상대방 유(有) : 상계, 면제, 해제·해지, 취소 등
  2) 상대방 무(無) : 재단법인 설립, 포기, 유언·유증
(2) **계약** : 매매, 임대차, 증여
(3) **합동행위** : 사단법인 설립

2 효력발생의 내용에 따라서

(1) 채권행위(부담행위) : 매매, 교환, 임대차
   당사자간 채권, 채무 발생, 이행의 문제 남는다.
(2) 물권행위(처분행위) : 소유권이전, 저당권 설정
   직접 물권 변동을 일으키고, 이행의 문제를 남기지 않는다.
(3) 준물권행위(처분행위)
   물권 이외의 권리 변동, 이행의 문제를 남기지 않는다.
   예 채권 양도, 채무변제, 무체 재산권의 양도 등

3강 서설(Ⅲ)

3 기타의 분류

(1) 특별한 방식의 요부에 따라서

1) 요식행위 : 법인설립, 유언, 혼인, 어음수표행위
2) 불요식행위

(2) 효력발생의 시기에 따라서

1) 사후행위 : 행위자의 사망을 효력발생. 유언, 사후증여 등
2) 생전행위

(3) 자기재산의 감소, 상대방 재산의 증가 여부

1) 출연행위 : 자기재산의 감소, 타인재산의 증가
   ① 유상행위 : 자기 재산의 출연에 대응 상대방으로부터 출연 받는 행위. 매매 임대차
   ② 무상행위 : 자기 출연에 대응하여 상대방의 출연이 없는 행위. 증여, 사용대차
2) 비출연행위 : 행위자의 재산만 감소케하거나 재산 변동과 무관한 행위. 소유권 포기, 대리권 수여

(4) 원인행위가 법률행위에 효력을 미치는 영향

1) 유인행위 : 원인행위의 효력에 영향을 받는 행위. 〔판례〕 물권행위
2) 무인행위 : 원인행위의 영향을 받지 않는 행위. 어음수표행위

(5) 독립적 효력발생 여부

1) 독립행위 : 직접 법률관계의 변동을 일으키는 행위. 매매, 임대차
2) 보조행위 : 다른 법률행위를 보충확정하는 행위. 동의, 수권행위

(6) 주종관계 여부에 따라서

1) 주된 행위 : 매매, 금전 소비대차
2) 종된 행위 : 주된 법률행위의 성립과 효력에 따라 좌우되는 행위
   계약금계약, 담보권 설정

(7) 신탁행위

당사자가 의욕하는 효과(채권담보)보다 더 큰 권리변동(소유권이전)을 일으키는 법률행위(추심을 위한 채권양도, 양도담보)

법률행위의 목적

제2장 경록 에센스 노트

4강 목적의 확정성, 가능성

1 확정성

결국 법률행위 해석의 문제

> 판례 계약 당시 가격이 확정되지 않았더라도 이행기까지 확정될 수 있으면 유효, 확정될 수 없는 법률행위는 (절대)무효

2 가능성

(1) 가능 불능의 표준 : 물리적 불가능은 물론, 사회 관념(거래관행)에 따라 결정

　법률적 불능 포함

(2) 원시적 불능 / 후발적 불능

　1) **원시적 불능** : 법률행위 성립 시 불능(매매 목적 가옥이 계약 전야에 소실). 매매는 무효

　2) **후발적 불능** : 법률행위 성립 시에는 가능했으나, 이행 전에 불능(계약 시 가옥이 건재했으나 이행 전에 소실된 경우)

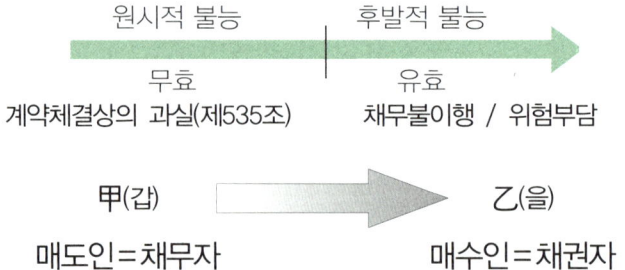

원시적 불능 — 무효 — 계약체결상의 과실(제535조)
후발적 불능 — 유효 — 채무불이행 / 위험부담

甲(갑) 매도인=채무자 → 乙(을) 매수인=채권자

1) 원시적 불능 : 무효
- 목적물이전 청구권·의무 소멸
- 부당이득 반환(계약금, 중도금 지급한 것)
- 甲이 악의 또는 과실이 있는 때 乙에게 손해배상(신뢰이익 배상)
- → 계약체결상의 과실 (제535조)

2) 후발적 불능 : 유효

  가) 甲에게 귀(유)책사유 ; 고의·과실이 있는 경우
  → 채무불이행(계약해제, 손해배상)

  나) 甲, 乙에게 귀책사유 없는 경우(불가항력, 제3자의 방화)
  → 위험부담(甲의 채무소멸, 乙의 반대급부소멸) ; 채무자위험부담 (537조)

  다) 甲에게 귀책 X, 乙에게 귀책(乙의 방화, 失火)
  → 위험부담(甲의 채무소멸, 乙의 반대급부 존속) ; 채권자위험부담 (538조)

(3) 전부불능 / 일부불능

1) 전부불능 : 전부무효

2) 일부불능(제137조)
  ① 원칙 : 전부무효
  ② 예외 : 무효부분이 없더라도 법률행위를 하였을 것이라고 인정될 때 → 나머지 부분 유효

  【판례】 불하된 국유재산 중 일 부분이 행정재산인 경우

3 적법성

(1) 강행법규(규정)

1) 강행법규 : 당사자의 의사를 묻지 않고 적용. 사적 자치의 한계
  ① 단속규정 : 처벌의 대상은 되나 사법상 효력은 유효
    무허가음식점 영업, 무허가숙박업, 공무원의 영업행위

  【판례】 아파트전매금지위반
  【판례】 중간생략등기(토지거래 허가구역 내에서는 무효)
  【판례】 금융실명제 하의 예금명의 신탁
  【판례】 입주자 모집 공고 후의 대지 및 주택의 담보제공

5강
목적의 적법성

② 효력규정
　㉠ 의의 : 금지규정위반은 위법행위 무효
　　　📗 변호사법 위반, 무허가토지거래
　　　📗 공인중개사의 초과중개수수료 : 초과 부분 무효
　　　　　무허가 부동산중개행위 : 수수료약정 무효, 부당이득 반환
　　　📗 단속규정과 효력규정의 공존(증권거래법 위반)
　　　　ⅰ) 투자수익보장약정 위반 : 무효(강행규정)
　　　　ⅱ) 주식매매 거래계좌 설정, 투자일임매매약정 : 유효

　㉡ 효과 : (절대)무효, 부당이득 반환
　㉢ 탈법행위
　　ⓐ 의의 : 강행법규가 금지하는 것을 우회적 회피수단으로 달성하는 행위
　　ⓑ 효과
　　　- 금지하는 행위를 회피하여 그 목적을 달성하는 행위는 무효이다.
　　　📗 국유재산 관리직원의 제3자 명의 국유재산 취득
　　　- 민법 제332조(질권설정자에 의한 대리점의 금지) ;
　　　　담보수단으로서의 질권에만 점유. 동산의 양도담보의 유효성 인정

(2) 임의법규
1) 당사자의 의사에 따라 적용배제
2) 매매대금의 부담(제566조), 차임지급 시기(후급, 제633조)
3) 채권법규정의 대부분

📗 민법 제626조의 규정에도 불구하고 임대인의 임차물을 반환할 때 임차인이 일체의 비용을 부담하여 원상회복[보일러 시설 포기]하기로 한 약정 ; 유효
(비)부속물 매수청구권 무효

4 목적의 타당성

6강
목적의 타당성(Ⅰ)

(1) 민법 제103조의 의의

1) 선량한 풍속 기타 사회질서 위반행위 : 무효. 사적자치의 한계

2) 무효의 결과

① 강행법규 위반 : 부당이득 반환

② 사회질서위반 : 부당이득 반환 불가(불법원인 급여)

(2) 사회적 타당성의 유형

1) 인륜에 반하는 행위(신분질서 문란행위)

> 판례 첩 계약
> 판례 부첩 관계 해소하면서 금전지급약정은 유효

2) 정의관념에 반하는 행위(범죄 행위 약정)

> 판례 권한 없이 기업이나 개인의 정보제공 대가약정
> 판례 사회적으로 용인될 수 없는 고율의 이자약정
> 판례 수사기관에 허위 진술 대가 약정
> 판례 사실증언의 터무니없는 대가 약정
> ※ 부동산의 2중매매

3) 개인의 자유 극도제한

평생 동안 혼인 또는 재혼하지 않겠다는 약정

> 판례 헌법상 근로자의 권리침해 경업금지 약정
> 판례 해외 연수비 반환 약정(사규)은 유효

4) 생존의 기초가 되는 재산처분

5) 지나치게 사행적인 행위

도박자금 대여, 도박빚 변제약정, 사고가장 보험금을 생명보험 약정

> 판례 보험계약자가 다수의 보험계약을 통하여 보험금을 부정취득할 목적의 보험계약

6) 소송행위(가압류)도 해당가능(판)

원고로부터 위임받은 소유권이전등기를 피고와 통모하여 한 행위

7강 목적의 타당성(Ⅱ)

▶ 부동산의 2중매매

1 의 의

매도인이 제1매수인과 계약하고, 다시 제2매수인과 계약

2 일반적 효력

그 자체가 무효는 아니나, 사회질서 위반인 때 무효

즉 매도인의 배임행위 + 적극가담 = 무효

3 배임행위에 적극 가담한 경우

(1) 요건
  1) 매도인이 제1매매의 구속(중도금지급)으로 벗어날 수 없는 상태
  2) 배임행위에 적극가담 : 제2매수인이 제1매매를 아는 것만으로는 부족. 매도를 요청·유도하여 매매계약에 이르게 한 것

(2) 효과 :
  1) 절대적 무효, 제3자는 선의이더라도 권리취득(×)
  2) 제1매수인의 구제 방법 : 매도인을 대위하여 제2매수인 명의 등기말소. 매도인에 이전 등기 청구

4 적용범위의 확장(판)

(1) 적극 가담하여 증여, 근저당 설정
(2) 취득시효완성부동산의 매매와 적극가담 취득
(3) 유사한 2중매매
    신탁재산, 양도담보 부동산의 처분에 적극가담

5 반사회성의 판단 시점

원칙 : 법률행위 시

판례 사후에 범죄행위로 취득된 것임을 안 때 – 유효

8강 목적의 타당성(Ⅲ)

★ 반사회적 행위가 아니라고 한 판례
  1) 법률행위의 성립과정에 불법
  2) 전통사찰의 주지직을 거액의 금품을 대가로 양도 양수하기로 하는 약정이 있음을 알고도 한 종교법인 임명
  3) 불법비자금의 소극적 은닉
  4) 강제집행 면탈을 목적으로 하는 부동산의 명의신탁(반환청구)
  5) 부정행위를 용서받는 대가로 처에게 손배 부동산 양도

6 반사회질서의 효과

(1) **무효** : 절대무효, 누구에게나 무효주장, 이행청구 불가

(2) **추인** : 불가, 추인해도 무효

(3) **일부 무효** : 일부무효의 법리(제137조 적용)

(4) **불법원인급여의 문제**
  1) 원칙 : 반환청구 불가(성매매의 선불금)
     ㉥ 강행법규 위반 무효 : 부당이득 반환 청구 (○)
  2) 예외 : 수익자의 불법성이 급여자의 급여보다 현저히 큰 경우
           – 반환청구가능(대주인 수익자의 불법성이 차주보다 큰 경우)

7 동기의 불법

(1) **의의**

 법률행위 자체는 불법성이 없으나 그 동기(연유) 불법
  예 도박 자금을 위한 소비대차

(2) **효과**
  1) 원칙 : 유효
  2) 예외 : 불법의 동기가 표시되거나 상대방이 안 때 무효(판)

★ 관련판례
  1) 반사회 질서에 동기가 포함되는지 : 강제하거나 반사회질서의 조건 또는 금전적 대가와 결부되어 반사회성을 띠게 된 경우 포함
  2) 공무원의 직무에 관련된 기부행위
  3) 양도소득세 면탈목적의 주택 이전등기 3년 유예(유효)

8 조건의 불법

법률행위 전체 무효

9강
불공정한 법률행위

▶ **불공정한 법률행위**(제104조)

1 의 의

궁박·경솔·무경험으로 인하여 현저하게 공정을 잃은 법률행위. 무효
사회질서에 반하는 행위(제103조)의 한 유형

2 요 건

(1) 주관적 요건

　1) 당사자의 궁박, 경솔, 무경험 중의 1

　　① 궁박 : 급박한 곤궁

　　② 경솔 : 의사결정시 일반인의 고려 결여한 심리 상태

　　③ 무경험 : 특정영역이 아니라 일반적 경험부족

　2) 판단기준(대리행위 : 궁박은 본인, 경솔·무경험은 대리인)

　3) 판단시점 : 법률행위 시(판)

　4) 폭리의 악의

　　　[판례] 피해자 측의 궁박, 경솔, 무경험의 사정을 알면서 폭리의사

　　　　- 간통의 합의금 1억 7천만원 남편에게 약속어음 발행(×)

(2) 객관적 요건 : 심한 불균형

3 효 과

(1) 절대적·확정적 무효

　　　[판례] 불공정행위의 무효를 제한하는 부제소의합의 ; 무효

(2) 무효행위의 전환 (○)

　　　[판례] 매매대금의 과다로 불공정 무효인 경우(민법 제138조 적용)

(3) 추인 (×)

(4) 일부 무효(제137조)

> 판례 채무금의 지급 담보로 (약정기일까지지급하지 못할 때에는 완전히 채무자의 소유로 한다는) 소유권이전등기 서류 교부 ; 불공정행위로 무효라고 하더라도 채무담보약정은 유효

4 적용범위

(1) 단독행위에 적용

> 판례 남편을 구제하기 위한 외상대금채권 포기(○)

(2) 무상행위(증여, 판)(×)

(3) 경매(공정성 담보, 판)(×)

(4) 합동행위에 적용

어업권의 소멸로 인한 손실보상금은 제반 사정을 참작한 손실의 정도에 비추어 볼 때 현저하게 불공정한 경우에는 그 결의는 무효이다(대판 2002다68034)

▶ 법률행위의 해석

1 의 의

(1) 법률행위의 해석

당사자가 그 표시행위에 부여한 객관적 의미를 확정하는 것

10강
법률행위의 해석

> 판례 당사자 확정의 문제(의사표시 해석의 문제)
> ① 문언의 객관적 의미가 명확한 경우 : 내심적 의사(×) 문언대로 존재와 내용 인정
> ② 甲이 배우자인 乙을 대리하여 乙의 실명확인 절차를 거쳐 乙 명의의 예금계약을 체결한 사안
> 갑과 乙의 내부적 법률관계에 불과한 자금 출연 경위, 거래 인감 및 비밀번호의 등록·관리, 예금의 인출 상황 등의 사정만으로, 예금 명의자 乙이 아닌 출연자 甲을 예금계약의 당사자로 하기로 하는 묵시적 약정(×)
> ③ 지입회사직원이지입차량에 관하여 지입회사에 사고가 많아 보험료율이 낮은 계열사 명의의 계약을 한 경우(보험회사, 계열회사 기준 보험료 산정) ; 계약자 및 피보험자 =계열사

④ 타인 명의로 부동산 낙찰 받은 자 ; 명의인 소유권 취득(명의신탁)
〈비교판례〉 제3자를 형식상 주 채무자로 내세운 경우 ; 통정 허위표시 무효

(2) 법률행위해석의 주체 : 법원

> 판례 계약사항에 이의 발생시 어느 일방당사자의 해석에 따른다는 조항 ;
> 재판관의 해석까지 구속(×)

2 법률행위 해석의 성질

법률행위의 내용 확정은 사실문제이나, 법률행위의 해석은 법률문제로서 법률심인 대법원의 심판 사항이 된다.

3 기준 및 순서

(1) 당사자가 의도하는 목적

당사자가 달성하고자 하는 사회적·경제적 목적에 맞게 해석

> 판례 부실기업을 인수하면서 6년간 사장에게 임금 주기로 약정하면서
> '최대한 노력하겠다'는 기재 – 법적 부담(×)
> 판례 상대방에게 중대한 책임 부과하거나, 소유권 등 권리의 침해·제한하는 경우에는 더욱 엄격한 해석

(2) 사실인 관습

1) 임의규정과 다른 관습, 당사자의 의사 불명
2) 사실인 관습과 관습법

구 분	사실인 관습	관습법
사회적 관행	사회적 관행, 법규범(×)	법적 승인을 얻은 것
입증책임	결국 당사자	직권 적용

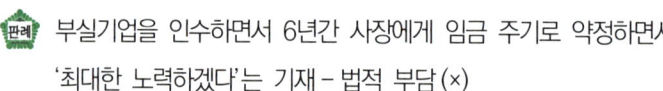

※ 관습법(판례) : 분묘기지권, 동산양도담보, 법정지상권 등

(3) 임의법규

당사자의 의사가 분명하지 않은 경우(제566조 매매 비용부담, 제633조 임차인의 차임지급시기) 적용

(4) 신의성실(조리)

예문 해석 : 은행에 대한 현재 또는 장래의 모든 채무를 공동담보하기 위하여 계쟁부동산에 근저당권을 설정하는 것으로 부동문자로 인쇄되어 있으나 이는 예문에 불과, 피담보채무가 특정 채무로 한정

4 법률행위 해석의 방법

(1) 자연적 해석

1) 의의 : 표의자의 자의 진의(내심의 의사) 탐구. 표의자의 이익만 고려 상대방의 이익·객관적 의미고려 (×)
2) 상대방 없는 단독행위(유언)의 해석. 표의자의 의사만 고려
3) 오표시 무해의 원칙(판)

   A가 점유하던 甲토지(국유지) 불하하는 과정에서 이웃하는 乙토지와 혼동 乙토지의 불하 신청서(매매계약서) 작성 → 甲토지 매매계약 성립

(2) 규범적 해석

1) 상대방의 시각에 의한 해석방법, 추정적 의사 추구

   > 판례 채권자가 36만원을 수령하면서 채무가 더 남아 있는데도 36만원을 우선 받기 위해 '총완결' 영수증 발행
   > 판례 금융실명제 하의 실명확인을 받은 예금 명의자가 예금당사자

2) 적용배제 : 상대방 없는 단독행위 (×), 상대방이 내심을 안 경우 (×)
3) 보충적 해석

   제3자의 시각에 의한 해석, 당사자가 몰랐던 법률행위의 흠결 보충, 계약에서 중요

   > 판례 불법행위로 인한 손해배상에서 일정금액 지급 받고 나머지 포기하기로 한 합의 ; 당시 예측 불가능한 후발 손해 청구 가능

의사표시 서설

11강 의사표시 서설

▶ 의사표시 서설

1 의사표시의 의의

(1) 개념

법률효과 발생을 목적으로 하는 의사(효과의사)를 외부에 표시하는 행위(표시행위). 법률행위의 필수 요소

(2) 성립과정(요소)

1) 효과의사 → (표시의사) → 표시행위

★ 효과의사
  표의자가 일정한 법률효과를 의욕하는 의사

★ 표시행위
  효과의사를 외부에 표현하는 행위(명시적, 묵시적)

2) 의사표시에 관한 입법주의 : 의사주의, 표시주의, 절충주의

2 의사표시의 의제

(1) 침묵

총회장에서의 침묵, 제한 능력자의 추인 또는 거절(제15조) ; 추인 또는 취소

무권대리인의 상대방의 최고에 대한 본인의 침묵(제131조) ; 거절

(2) 법정추인(취소권의 포기)

(3) 의사실현 : 계약 성립

(4) 묵시의 갱신 : 임대차의 갱신(제639조 ①), 건물전세권의 법정 갱신(제312조 ④)

3 의사와 표시의 불일치
(1) 의식적 불일치, 무의식적 불일치
(2) 하자 있는 의사표시와의 구별
(3) 불일치의 유형
  1) 진의 아닌 의사표시(제107조)
  2) 통정 허위표시(제108조)
  3) 착오로 인한 의사표시(제109조)

▶ 진의 아닌 의사표시

1 의 의
표의자가 진의 아님을 알고 한 의사표시. 상대방의 마음을 떠보기 위한 것(= 비진의 표시, 심리유보)

2 요 건
(1) **의사표시의 존재**(연기, 강의 ×)

(2) **의사 ≠ 표시**
> 판례 대출절차상의 편의를 위하여 대출 명의 대여 = 비진의 아니다.
> 판례 최선이라고 생각하여 특정한 내용의 의사를 표시(강박에 의한 증여) 효과의사 결여 아니다.
> 판례 근로자의 의사 없는 사직서 제출·수리(의원 면직)은 무효이나, 사용자가 사직서 제출에 따른 사직 의사의 수리는 고용관계의 합의해지(해고 ×)

(3) **불일치의 인식**

(4) **동기 불문**
> 실례 증권사 지점장의 지불각서

3 효과

(1) 당사자 간의 관계

1) 원칙 : 표시대로 유효

   📗 사립대학 조교수의 사임. 표의자 보호 필요성 無

2) 예외 : 상대방의 악의·과실인 때 ; 무효(증권사 지점장의 지불 각서)

   → 입증 : 무효 주장자(표의자)

   　　　　표의자가 무효 주장하더라도 손해배상(×)

   📗 학교법인이 법상의 제한규정 때문에 교직원들의 명의로 금원 차용한 경우 ; 비진의(×)

   📗 비진의표시의 단서(무효)가 유추 적용되는 경우 ; 대리권의 남용

(2) 제3자와의 관계

1) 선의의 제3자에 대항 ×(거래의 안전보호)

2) 제3자

   ① 의미 : 당사자와 그 포괄승계인 이외의 자. 비진의의 법률관계를 바탕으로 새로운 이해관계를 맺은 자

   ② 선·악의 결정시기 : 이해관계를 맺은 시기

   ③ 선의의 추정 : 제3자의 악의 입증은 무효 주장자

(3) 전득자와의 관계

甲(표의자;증여자)→乙(상대방;수증자)→丙(제3자)→丁(전득자)

① 丙이 선의·무과실인 때 ; 丙 권리취득 → 丁(선, 악 무관 권리취득)

② 乙의 악의·유과실인 때 ; 乙 권리취득 × → 丙(악의이면 권리취득 ×) → 丁(선의이면 권리취득, 악의이면 권리취득 ×)

4 적용범위

(1) 재산행위

상대방 유무불문(물권의 포기에도 적용).

단, 상대방 없는 단독행위 원칙만 적용

(2) 신분행위

혼인, 이혼, 입양 등에 적용 배제(의사주의)

(3) 유가증권·주식인수

언제나 유효

(4) 공법행위

적용(×), 표시대로 유효

> 판례 숙박영업재개신고, 공무원의 의원면직

▶ 통정허위표시

13강

통정허위표시
(가장행위)(Ⅰ)

1 의 의

상대방과 짜고서 (통정)한 의사 표시는 무효

2 구별개념

(1) 은닉행위(숨은 행위)

매매(허위표시)를 가장한 증여(은닉행위).

허위 표시는 무효이지만 은닉행위는 달리 진정한 의사표시가 있으므로 유효

> 판례 매매계약의 효력이 적극적 은닉행위를 수반하는 허위 표시인 경우
> (다운계약) : 유효

(2) 신탁행위

추심을 위한 채권 양도나, 양도담보처럼 일정한 경제적 목적에 제한을 둔 소유권 이전 또는 채권양도하는 행위. 실제로 법률효과를 의욕하는 의사가 있기 때문에 허위표시 무효는 아니다.

★ 명의신탁 관련판례
- 판례 명의수탁자 임의 처분에 대비하여 명의신탁부동산에 대한 가등기 : 유효
- 판례 종중이 그 부동산을 타인에게 명의신탁하면서 : 유효.

(3) 허수아비행위
배후조정자에 의하여 표면에 내세워진 명의자(허수아비)가 자신의 이름으로 배후조정자의 이익과 계산으로 하는 행위. 이는 허위표시가 아니며, 명의자(허수아비)에 법적 효과 귀속

3 요 건

(1) 의사표시의 존재
(2) 진의와 표시의 불일치 : 무효주장자가 입증
- 판례 주택을 주거용으로 사용·수익할 목적 없이 한 허위의 주택임대차계약 = 대항력 X (주임차에서재론)
- 판례 주채무자가제3자를 형식상의 채무자로 내세운 경우 = 통정허위표시 무효

(3) 불일치에 대한 인식 : 비진의 표시와 같으나, 착오와 다르다.
(4) 상대방과의 통정
- 판례 동거부부 간 토지거래는 가장매매 추정
- 판례 실제로는 동일 사업주에 근무하면서 특정업무를 담당하면서 퇴직 후 재임용하는 형식

(5) 이유·동기 불문

4 효 과

(1) 당사자 간 : 무효
  1) 이행 전 : 이행 불요
  2) 이행 후 : 불법원인 급여 (×). 부당이득 반환 청구
  - 판례 강제집행 면탈 목적의 허위의 근저당권 설정 : 반사회성 (×)
  3) 당사자의 추인 : 가능. 소급효 없다.

(2) 제3자에 대한 관계
  1) 선의의 제3자에게 대항하지 못한다. 거래의 안전보호 목적

14강 통정허위표시 (가장행위)(Ⅱ)

2) 제3자의 의미

당사자와 그 포괄승계인 이외의 자로서 허위표시를 기초로 새로운 법률관계를 맺은 자

① 제3자 (○)
  ㉠ 가장 매매의(대금채권 양수인, 목적물 전득자, 제한물권 취득자, 매수인의 파산관재인, (가)압류·가등기취득자)
  ㉡ 가장 채권양수인
  ㉢ 가장저당권 실행 경락 받은 자, 가장전세권에 기인한 전세권 양수인, 가장전세권에 저당권취득자

② 제3자 (×)
  ㉠ 가장매매에 기한 손해배상채권 양수인
  ㉡ 채권의 가장양도에서 채무자
  ㉢ 주식이 가장 양도된 경우의 회사
  ㉣ 선 순위 저당권의 가장말소에서 후 순위 저당권자
  ㉤ 가장채권의 양수인으로부터 추심목적의 채권취득자

  ※ 당연히 제3자 아닌 자
    ㉠ 가장 매매의 상속인
    ㉡ 제3자를 위한 계약에서의 제3자
    ㉢ 가장양수인의 일반 채권자

2) 제3자의 선의
  ① 선의의 의미 : 허위표시의 무효를 알지 못하는 상태
  ② 악의에 대한 입증 : 무효주장자
    🔖 판례 파산자의 가장채권보유에서 파산 관재인 : 총채권자의 입장에서 선의
  ③ 제3자의 과실 : 요건이 아니다.
  ④ 악의의 전득자 : 엄폐물의 법칙
  ⑤ '대항하지 못한다' 허위표시는 표시대로 효력을 갖는다.
     제3자쪽에서 무효를 주장하는 것은 可하다.

15강
통정허위표시
(가장행위)(Ⅲ)

5 적용범위

(1) 계약. 상대방 있는 단독행위

(2) 상대방 없는 단독행위(×)

	상 없 단독행위	상 있 단독행위	계 약
비진의 표시	○	○	○
허위 표시	×	○	○

(3) 신분행위

적용배제(×) 혼인, 이혼, 입양 등의 허위표시는 언제나 무효
단, 상속재산 분할행위는 적용 긍정

(4) **합동행위** : 사단법인 설립행위는 언제나 유효하다.

6 채권자 취소권과의 관계

통정 허위표시로서 무효인 경우에도 채권자 취소권의 대상이 된다.

7 통정허위표시의 철회

가능하나 제3자가 이해관계를 맺기 전에 외형 제거해야 대항

16강 착오로 인한 의사표시(Ⅰ)

▶ 착오로 인한 의사표시

1 의 의

표시로부터 추단되는 의사(표시상의 효과의사)와 진의(내심의 효과의사)가 불일치함에도 그 불일치를 알지 못하는 경우

2 태 양

(1) 표시상 착오

내심적 효과의사를 기준으로 할 때 표시행위를 잘 못하는 경우

(청약서에 100만원이라고 쓴다는 것이 10만원으로 쓴 경우)

(2) 내용상 착오

표시 행위 자체에는 착오가 없으나 표시의 내용적 의미에 착오
(임대차와 사용대차가 동일한 의미를 가진 것으로 착각하여 임대차 → 사용대차)

(3) 동기의 착오

1) 의의 : 의사결정 과정에서 동기나 연유에 착오
   (공장부지 매입했으나 공장 건축이 제한된 토지인 경우)

2) 효과

   ① 원칙 : 취소 불가

   > **판례** 운수회사의 운전사 과실에 의한 손해배상이 있는 것으로 착오를 일으켜 병원 치료비 연대보증

   ② 예외 : 취소 가능

   > **판례** ㉠ 동기가 표시되어 상대방이 알고 있거나
   > ㉡ 상대방에 의해서 유발된 동기의 착오(착오가 중요하고, 중대 과실이 없는 경우)
   > 건물이 건축선에 걸린 것 알았으나 매도인이 (법률자문 결과) 준공검사가 난 건물이므로 행정소송을 통해 구청장의 철거 지시를 취소할 수 있다는 말을 믿고 대금 지급한 경우
   >   ⓐ 동기의 표시   ⓑ 일반인이라면 사지 않았을 것(중대 착오 ×)
   >   ⓒ 매도인의 적극적 행위에 의하여 매수인의 착오

   > **판례** 취소합의나 계약서 기재 불요

   ★ 동기의 착오이지만 취소를 인정한 판례
   > **판례** 귀속이 해제된 재산인데 귀속재산이이라는공무원의 잘못 설명으로 국가에 증여(기부채납) ; 공무원의 동기제공

   > **판례** 공무원의 법령 오해로 토지(휴게소 부지)를 국가에 증여

   > **판례** 신용보증기금이 채무자가 과거 연체가 없다는 채권자의 진술만 믿고 보증을 선 경우

(4) 법률의 착오

1) 법률상태의 착오 : 동기의 착오(유발된 동기는 취소)
   > **판례** 매도인이 토지를 현물출자하면 양도소득세를 물지 않는다는 매수인의 말을 믿고 계약체결. 그런데도 양도세 부과 : 착오 취소 인정

2) 법률효과의 착오 : 착오의 일반원칙(중요부분, 표시된 동기인 때 취소 가능) **예** 보증하려는 의사로 채무 보증한 경우

(5) 표시기관의 착오와 전달기관의 착오

1) 표시기관의 착오 : 표의자의 중개자가 상대방에게 잘못 전달
   - 표시상의 착오
2) 전달기관의 착오 : 부도달의 문제

(6) 오표시 무해의 원칙과의 차이

★ 대리행위에서는 대리인 기준으로 판단, 본인의 의사와 다르더라도 대리인의 의사에 따라 판단

	오표시 무해의 원칙	동기의 착오
불일치 영역	당사자의 진의와 표시	건축목적토지 매수 → 그린벨트
대표 사례	○○동 6번지 합의 → 9번지로 기재, 6번지 매매 성립 진의대로 효과 발생	계약 성립, 동기가 표시되거나 상대방에 의하여 유발된 경우 취소 가능

3 취소권 발생의 요건

(1) 중요부분에 착오가 있어야 한다.

1) 법률행위의 중요부분 : 주관적·객관적 요건
2) 판단시점 : 현재는 물론 장래의 예측 포함
3) 중요부분의 착오 : 입증 = 취소 주장자

★ 중요부분의 착오에 대한 판례
- 판례 중요부분 인정 : 기술신용보증기금이 대출은행이 작성한 거래상황 확인서 믿고, 연체대출금이 없는 것으로 알고 행한 신용보증
- 판례 중요부분 부인 : 회사가 체불임금의 50%를 포기하면 회사 정상화 이후에 재고용하겠다는 합의 - 정상화 이후 재고용되지 않은 경우, 미필적 인식에 의한 것이기 때문

★ 중요부분의 착오로 본 것 (취소 가능)
1) 토지의 현황 또는 경계의 착오
2) 채무보증시 채무자의 동일성 착오(채권자 ×)
3) 담보부채권을 착오로 무담보채권으로 갱신
4) 담보가치를 잘못 평가하여 다액의 저당권 설정
5) 당사자(증여, 신용매매 등)에서 당사자의 동일성, 목적물의 동일성 착오
6) 임대차를 사용대차로 착오

17강 착오로 인한 의사표시(Ⅱ)

★ 중요착오 아닌 것 (취소 불가)
  1) 토지의 시가, 지적에 관한 착오
  2) 매매목적물이 타인소유인지 모르는 것
  3) 고리대금업자(채권자)인지 모르고 체결한 금전소비대차
  4) 매도인이 甲인 줄 알았는데 동생인 경우
  5) 착오자에게 경제적 불이익이 없는 경우

(2) 표의자에게 중대과실이 없을 것
  1) 중(대)과실의 의미 : 표의자의 직업, 행위의 종류, 목적 등에 비추어 보통 요구되는 주의를 현저히 결여한 것(판)
     〈cf〉 경과실
  2) 입증책임 : 표의자의 상대방
  3) 상대방이 착오를 이용한 경우 : 제109조 단서 적용 불가, 취소 가능(판)

★ 중과실(취소 불가)
  - (판) 기술신용보증기금이 금융기관대출금이 상환되지 않았는데도 보증설정 해지
  - (판) 공장설립목적의 토지매수에서 건축 여부를 관할 관청에 조회 안 한 것
  - (판) 공인중개사를 통하지 않은 공장설립 목적 토지매매, 매수인이 토지대장을 열람하지 않은 것

★ 중과실 아니라는 판례(취소 가능)
  - (판) 고려청자로 매수한 도자기가 진품 아닌 경우 자가 감정한 것(×)
  - (판) 중개업자가 다른 점포를 잘못 소개하여 매수한 매수인

4 착오에 의한 의사표시의 효력

(1) 취소권 발생
  1) 원칙 : 법률행위의 내용의 중요부분에 착오 취소권 발행
  2) 예외 : 표의자의 중대한 과실에 의한 때에는 취소(×)

(2) 상대방에 대한 손해배상
  (판) 상대방에 대한 불법행위 손해배상(×)

(3) 제3자에 대한 관계
  1) 선의(과실 여부 불문)의 제3자에게는 대항하지 못한다.
     거래의 안전 보호 목적

  [사례] 甲 → 乙 → 丙으로 매매한 경우
     甲이 착오를 이유로 취소하더라도 선의의 丙에게는 반환 청구하지 못한다.

18강
착오로 인한
의사표시(Ⅲ)

5 적용범위

(1) 일반적 적용

> 판례 상대방 없는 단독행위(재단법인 설립행위)에도 적용

(2) 예외

1) 신분행위(언제나 무효) : 혼인, 입양 등

2) 단체법상의 거래안전이 강하게 요구되는 행위(×)
   (주식인수, 회사설립 후 취소 ×)

3) 공법행위

   ① 행정처분(국가의 사무 착오로 甲에게 매각된 귀속토지가 다시 乙에게 매각되어 전전 매도 후, 국가가 乙에 매각을 취소한 경우 제109조 2항 적용 ×)

   ② 소송행위(소 취하 등) : 절차의 안정성 중요. 민법상 법률행위규정 적용(×)

4) 화해계약

   화해의 목적인 분쟁사항에 관하여 착오를 이유로 취소할 수 없다. 단, 화해 당사자의 자격이나 분쟁의 목적 사항 이외 사항은(○)

6 관련 문제

(1) 착오와 사기와의 경합

> 판례 표의자는 어느 쪽이든 선택하여 취소할 수 있다.

> 판례 제3자의 기망에 의하여 신원보증 서면에 서명·날인한다는 착각에 빠져
> → 연대보증 서면에 서명 날인한 경우 착오만 적용

(2) 하자담보책임과의 관계

> 판례 매도인의 담보책임 성립 여부와 관계없이 착오를 이유로 취소 가능

(3) 계약 해제와 착오(해제와 취소의 2중효)

> 판례 착오취소와 매매계약 : 매도인의 채무불이행 해제 후 취소 가능 해제

19강 하자 있는 의사표시(Ⅰ)

▶ 하자 있는 의사표시

1 의의

의사와 표시가 일치하나(의사 = 표시)
성립과정에 하자. 의사 ≠ 표시와 구별
(1) 사기에 의한 의사표시
(2) 강박에 의한 의사표시

2 요건

(1) 사기에 의한 의사표시

1) 사기자의 고의(2단의 고의) : 표의자를 착오에 빠뜨리려는 고의와, 그에 기하여 의사표시를 하게 하려는 고의를 요한다.

  2) 기망행위

   🔖 침묵 ; 임대인의 동의, 재개약 여부의 설명 없는 임차권 양도 (○)

   🔖 가옥의 반복침수, 무허가건물, 토지가 도시계획선에 걸린 것 (○)

   🔖 다소 과장된 상품의 선전 광고 (×)

   🔖 할인 특매기간에 한하여 대폭 할인한 것처럼 한 허위의 백화점의 변칙세일 (○)

  3) 기망행위의 위법 : 위법 + 신의칙 위반

   🔖 매도인의 시가 묵비, 교환계약에서 시가 묵비 높은 가격제시 (×)

  4) 인과관계 ; 착오로 의사표시를 하였을 것

   기망행위에 의해서 착오가 생기고, 그에 기하여 의사표시를 하여야 한다. 주관적인 것 (○)

(2) 강박에 의한 의사표시

1) **강박자의 고의**(2단의 고의) : 공포심을 일으키려는 고의와 그에 의하여 의사표시를 하게 하려는 2단의 고의를 요한다.
2) **강박행위** : 해악을 고지하여 공포심을 일으키는 행위. 실현가능성 불요

   > 판례 강박에 의하여 의사결정의 자유가 완전히 박탈 – 무효

   > 판례 강박행위
   > ① 사무실에서 농성함은 물론 대통령을 비롯한 관계요로에 비행을 진정하겠다는 등 공갈과 위협하면서 피고인 변호사의 업무수행을 방해함을 강박 인정
   > ② 불성실한 태도를 신문에 보도, 업무를 못하게 하겠다는 위협 강박 인정

3) **강박행위가 위법할 것**
   ① 해악의 고지로써 추구하는 이익이 정당하지 못하거나
   ② 해악의 내용이 법질서에 위배되거나
   ③ 해악의 고지가 이익달성의 수단으로서 부적당한 경우

   > 판례 부정행위의 고소 고발 ; 부당한 이득 관련 (○)

4) **인과관계**
   강박 → 공포심 → 의사표시
   해악의 내용이 주관적인 것도 해당 가능

3 효 과

(1) **상대방의 사기·강박** ; 표의자는 취소할 수 있다.

(2) **제3자의 사기·강박**

　1) 상대방 없는 의사표시 ; 취소

　2) 상대방 있는 의사 표시 ; 상대방이 알았거나 알 수 있었을 때 취소

　　− 제3자 : 상대방과 동일시할 수 없는 자. 대리인은 제3자(×)

　　　[판례] 대리인이 아닌 피용자, 사용자책임을 져야 할 자

　　　[판례] 회사의 기획실 과장(○), 은행출장소장(×)

(3) **전득자**(제3자 보호) ; 선의의 제3자에 대항 불가

　　− 선의 추정, 무과실 불요

4 적용범위

(1) 재산행위(○) 신분행위(×)

(2) 단체적·정형적 행위(거래 외관 중시, 주식인수 등)(×)

(3) 공법행위(귀속재산 불하)(×), 소송행위(소의 취하)(×)

　　[판례] 착오나 강박에 의한 소송행위의 취소(×)

5 다른 제도와의 관계

(1) **사기와 착오의 경합**

　　[판례] 표의자는 어느 쪽이든 선택하여 취소할 수 있다.

　　[판례] 제3자의 기망에 의하여 신원보증 서면에 서명·날인한다는 착각에 빠져
　　　→ 연대보증 서면에 서명 날인한 경우 착오만 적용

(2) **사기와 담보책임**

　　[판례] 담보책임의 성립 여부와 관계없이 사기에 의한 취소 가능

(3) **불법행위와 손해배상 청구**

　1) 사기·강박에 의한 분양

　　① 의사표시 취소, 손해배상 청구

　　② 취소하지 않고 손배 청구

20강

하자 있는
의사표시(Ⅱ)

2) 취소 후 부당이득 반환과 불법행위로 인한 손배는 병존
 - 중첩적 청구(×)
3) 제3자의 사기·강박 ; 제3자에 손배 청구만 가능

(4) 제103조, 제104조와의 관계 : 당연히 해당되는 것은 아니다.

(5) 화해계약과 하자 있는 의사표시
사기·강박임을 이유로 취소할 수 있다.

21강 비정상적인 의사표시

▶ 비정상적인 의사표시

1 정상적인 법률행위

표의자의 내심적 효과의사와 표시행위로부터 추단되는 표시상의 효과의사가 일치하여, 의욕하는 바에 따른 본래의 효과가 발생하는 법률행위

2 비정상적 의사표시의 내용

(1) 의사와 표시의 불일치(의사 ≠ 표시)

1) 의사의 의식적 흠결

① 진의 아닌 의사표시(제107조)

원칙 ; 유효   ★ 계약 ○ 상있단 ○ 상없단 ○(원칙만 적용)

예외 ; 무효   ★ 계약 ○ 상있단 ○ 상없단 ×

② 통정한 허위표시(제108조)

당사자 간 무효 ★ 계약 ○ 상있단 ○ 상없단 ×(재단법인 설립)

2) 무의식적 흠결

착오로 인한 의사표시(제109조) : 취소

★ 계약 ○ 상있단 ○ 상없단에 적용

(2) 하자 있는 의사표시(의사=표시, 하자)

1) 사기·강박에 의한 의사표시(제110조) : 취소

불법행위에 의한 손해배상과 경합하는 경우 ; 부당이득 반환과 병존. 중복하여 청구는 불가

2) 제3자의 사기·강박(제110조 제2항)

　① 상대방 없는 행위(유증) ; 취소

　② 상대방 있는 행위 ; 상대방이 알았거나 알 수 있었을 때에 한하여 적용. 취소하지 않고(계약은 이행하면서), 제3자에 대하여 손해배상만 청구도 가능

　　예 주채무자 乙이 보증인 丙에게 사기 쳐서 채권자 甲과 보증계약을 체결하게 한 경우. 표의자 丙은 甲이 사기 사실을 알았거나 알 수 있었을 때 취소 가능

(3) 무효·취소의 효과(공통점)

1) 더 이상 이행 불요, 이행 후에는 부당이득의 반환(○), 불법원인급여(×)

2) 선의의 제3자에게 대항하지 못한다 : 거래의 안전보호

－ 악의의 입증 : 무효·취소 주장자, 전득자 : 엄폐물의 법칙

4 다른 규정과의 관계

(1) 착오와 사기의 경합

　판례 착오와 사기의 어느 쪽이나 선택적 행사

　판례 제3자의 기망에 의하여 신원보증서 서명한다는 착각

　　→ 연대보증서에 서명 : 착오일 뿐, 사기(×)

(2) 착오·사기와 하자담보책임

1) 착오와 하자담보책임 : 중요부분의 착오가 있는 경우에 하자담보책임(제575조 ①, 제580조 ①)의 성립과 무관하게 착오 취소 가능(판)

2) 사기와 하자담보책임 : 기망에 의하여 흠이 있는 물건을 매수한 경우에 담보책임규정과 사기 취소 가능(판)

5 적용범위

(1) 재산행위

재산적 법률효과 발생. 매매, 교환, 임대차

민법 총칙 규정이 일반적으로 적용된다.

(2) 신분행위

신분적 법률효과 발생. 혼인·이혼, 입양 등 민법 총칙 규정이 원칙적으로 적용되지 않는다(제107조, 제108조, 제109조, 제110조).

(3) 어음행위·주식인수

제107조 단서 적용(×)

엄격한 요식행위는 언제나 유효

(4) 공법행위

비진의 표시 적용(×)(유효), 허위표시 적용(×), 착오 취소 적용(×), 하자 있는 의사표시 적용(×). 외형적·절차적 확실성이 고도로 요구된다.

(5) 단체법상의 행위

주식인수에 착오 취소 불가(상법규정)

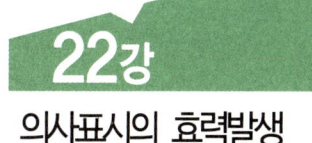

▶ 의사표시의 효력발생

1 도달주의 원칙

(1) 도달주의

1) 의의 : 발신자와 상대방의 이익 조화

   표백 → 발신 → 도달 → 요지

2) 격지자·대화자 간에 적용
   - 의사의 통지·관념의 통지에 유추 적용

3) 효력발생시기 : 의사표시의 내용을 알 수 있는 객관적인 상태
   (우편함에 투입, 동거 가족에 교부)

(2) 도달주의의 내용

1) 도달의 의미 : 상대방이 알 수 있는 상태 실현, 상대방이 이유 없이 수신을 거부하여도 도달

   [판례] 채무자의 가정부가 수취한 채권양도의 우편물(통지서 재중)을 수령 직후 한집에 거주하는 채권자가 바로 회수 → 피고(채무자)에 도달(×)

2) 의사표시의 불착·연착 ; 표의자의 불이익으로 돌아간다.

3) 의사표시의 철회 ; 도달 전 적어도 동시에

4) 발신 후의 사정변화 ; 발신 후 표의자의 사정 변화는 효력에 영향(×)
   표의자의 사망, 능력 상실, 대리권 상실 등

5) 도달의 입증 ; 표의자

   [판례] 주소지나 채무자의 동업자의 사무소에서 신원이 분명치 않은 사람에 배달(×)

   [판례] 등기우편, 내용증명우편 ; 반송이 없는 한 도달 간주

   [판례] 실재 거주하지 아니하면서 전입신고만 해둔 경우에 거주자에게 송달수령을 위임하였다고 보기 어려운 사정에서 납세고지서가 반송된 사실이 인정되지 않는다. → 송달(×)

(3) 도달주의의 예외(발신주의)

1) 제한(무)능력자의 상대방의 최고에 대한 본인의 확답(제15조)
2) 채무인수에 대한 채권자의 승낙(제455조)
3) 격지자 간의 계약의 승낙(제531조)*
4) 무권대리인의 상대방에 대한 본인의 확답(제131조)*
5) 사원총회의 소집통지(제71조)

2 의사표시의 공시송달

(1) **요건** ; 표의자가 과실 없이 상대방을 모르거나, 소재를 알지 못하는 경우, 공시 송달(법원 게시판 등에 게시 등) 가능
(2) **효과** ; 민사소송법상의 공시송달 2주 경과로 효력 발생

3 의사표시의 수령능력

(1) **제한능력자 = 수령무능력자**

　　※ 제한능력자 : 미성년자, 피성년 후견인, 피한정 후견인

(2) **제한능력자에 대한 의사표시**

1) 표의자는 의사표시의 효력 주장(×), 제한능력자 측에서는 주장 가능
2) 법정대리인이 도달을 안 후에는 표의자가 도달 주장 가능
3) **적용제외** : 상대방 없는 의사표시, 발신주의에 의한 의사표시, 공시송달

법률행위의 대리

제4장
경록 에센스 노트

23강
대리 서설

▶ **대리 서설**

1 대리의 의의 및 본질·사회적 작용

(1) 의의

1) 개념 : 대리인이 본인을 위하여 법률행위를 하거나, 제3자(상대방)로부터 의사표시를 수령함으로써 본인에게 직접 효과가 귀속하는 제도

2) 대리와 유사한 제도

① 使者 : 본인이 결정한 의사를 단지 외부에 표시해서 의사표시를 완성하거나(표시기관), 상대방에게 전달하는 전달사자(전달기관)을 말한다.

★ 대리인·사자·대표의 구별

구별기준	대리인	사 자	대 표
의사결정 주체	대리인 결정	본인이 결정	대표가 결정
하자의 판단기준	의사 흠결, 하자 대리인	하자 흠결 본인 표준	대표 표준
행위능력 요부	불요, 의사능력 요	불요, 의사능력 불요	선출요건 행위능력
적용범위	신분행위(×) 사실행위(×)	신분행위(○) 사실행위(○)	불법행위(○) 사실행위(○)

② 대표 : 대표기관의 행위에 의하여 직접 법인이 권리·의무 취득하는 점에서 대리와 같다. 그러나 그 기관을 법인과 독립한 지위(×). 법인 자신의 행위로 간주된다. 대표는 사실행위·불법행위에 관하여도 적용, 대리 규정 준용

3) 간접대리(위탁매매 등) : 행위자가 본인의 계산으로 법률행위를 하고, 그가 취득한 권리·의무를 본인에게 이전하는 관계

4) 중개인 기타 보조자 : 직접 계약을 체결하지 않고 체결을 주선하거나 준비하는 자.

타인 간의 계약체결을 중개하는 자, 소개인, 중개보조자 등

(2) 대리의 사회적 작용
1) 임의 대리 → 사적 자치의 확장
2) 법정 대리 → 사적 자치의 보충

(3) 대리의 3면 관계

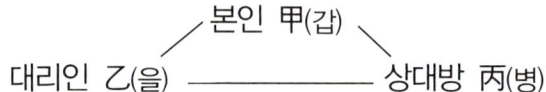

2 대리의 허용범위

(1) 법률행위(의사표시)(○)
원칙적으로 법률행위(의사표시)에 적용된다.

(2) 신분행위(×)
혼인, 유언 등 신분행위에는 원칙적으로 적용되지 않는다.

(3) 사실행위(×)
물건의 인도, 선점 등 사실행위에는 적용되지 않는다.

(4) 불법행위(×)
적용되지 않는다. 피용자의 행위에 대한 사용자 책임은 별도

(5) 준법률행위
적용되지 않으나 의사의 통지, 관념의 통지에는 유추 적용된다.

3 대리의 종류

(1) **법정대리 / 임의대리**

　대리권의 발생원인에 따라서 법률의 규정에 따라서 발생하는 법정대리와 본인의 의사에 따라서 수여되는 임의대리가 있다. 복대리인의 선임에 차이가 있다.

(2) **유권대리 / 무권대리**

　대리권이 있는 대리, 즉 유권대리와 대리권이 없는 대리(표현대리, 협의의 무권대리)로 나뉜다.

(3) **능동대리 / 수동대리**

　본인을 대리하여 제3자에게 의사표시를 하는 능동대리와 본인을 위하여 제3자로부터 의사표시를 수령하는 수동대리가 있다. 현명주의의 적용, 공동대리에 차이가 있다.

▶ 대리권

24강
대리권(Ⅰ)

1 대리권의 의의

(1) **의의** : 본인을 위하여 법률행위를 할 수 있는 지위, 자격
(2) **대리권의 성질(자격설)** : 대리인의 행위가 본인에게 효과를 발생케 하는 지위 또는 자격. 권리가 아니라 권한

2 대리권의 발생

(1) **법정대리권의 발생** : 법률의 규정

　1) 신분상의 지위
　2) 본인 아닌 사인의 지정
　3) 법원의 선임

(2) 임의대리권의 발생(수권행위)

1) 수권행위의 의의 : 비출연행위. 대리권을 발생시키는 본인의 행위
2) 수권행위의 방식 : 불요식행위. 위임장 교부 등 방식이 필요 없다.
3) 수권행위의 성질 : 상대방 있는 단독행위. 대리인이 될 자의 동의·승낙 불요
4) 수권행위의 독자성 : 기초적 내부관계(위임, 고용 등)와 구별된다.

> 판례 위임과 수권 : 위임계약의 효력은 위임자와 수임자 간에서만 생긴다.

3 대리권의 범위와 그 제한

(1) 대리권의 범위

1) 법정대리권의 범위
2) 임의대리권의 범위

① 수권행위의 해석

> 판례 매매계약의 체결대리권자는 중도금수령, 지급 기일의 연기할 권한 有
> 판례 통상의 대리권에 상대방의 의사표시 수령할 대리권(○)
> 판례 부동산 매수대리인에게 부동산 처분권(×) : 원인 관계의 종료로 대리권 소멸

대리인 乙(을) ◀────▶ 상대방 丙(병)

② 수권행위로 권한을 정하지 않은 대리인(제118조)

㉠ 보존행위(무제한) : 가옥수선, 보존등기, 채권추심, 시효중단, 기한도래 채권변제, 부패하기 쉬운 물건의 처분
㉡ (성질불변의) 이용·개량행위 : 금전의 이자부 대여, 임대, 가옥의 장식 그러나 예금의 주식전환(×)
㉢ 처분행위(×) : 대여금 영수대리인이 대여금 면제(×), 가옥 매수대리인의 가옥 매도(×)

③ 범위를 넘는 행위

(유동적)무효이나 제126조의 표현대리가 되거나 무권대리의 본인의 추인에 의하여 유효가 될 수 있다.

25강 대리권(Ⅱ)

(2) 대리권의 범위에 대한 제한

1) 공동대리 : 수인의 대리인이 있는 경우(제119조)
   ① 각자대리의 원칙
      수인의 대리인이 각자가 단독으로 본인을 대리한다.
   ② 공동대리의 예외
      ㉠ 법률의 규정 또는 ㉡ 수권행위로 수인이 공동으로만 대리행위를 할 수 있다고 정한 경우에는 공동으로 한 경우에만 대리의 효력 발생한다.
   ③ 능동대리에만 적용
      수동대리에서는 대리인 중 1인이 의사표시를 수령
   ④ 위반의 효과 : 유동적 무효. 표현대리가 되거나 무권대리의 본인의 추인에 의하여 유효가 될 수 있다.

2) 자기계약·쌍방대리의 금지(제124조)
   ① 의의 : 대리인과 본인과의 이익 충돌 예방
      ㉠ 본인을 위하여 자기와 법률행위를 하거나(자기 계약) ㉡ 본인을 대리하고, 다른 한 편으로 상대방을 대리하는 것(쌍방 대리)을 말한다.
   ② 금지 및 예외
      ㉠ 원칙적 금지 : 본인의 이익 보호
      ㉡ 예외적 허용 : 본인의 허락이 있거나 본인의 이익을 해할 염려가 없는 경우(채무이행), 다툼 없는 채무이행, 부동산 이전 등기 신청은 가능. 그러나 대물변제, 경개 등은 이해관계 발생시키기 때문에 금지

      🏛 부동산 입찰절차에서 2인 이상의 대리인이 된 경우 ; 무효

      🏛 사채알선업자의 지위 : 사채업자가 대주와 차주를 쌍방대리 담보설정한 경우 차주가 사채업자에게 변제하는 것은 유효

   ③ 적용범위 : 법정대리와 임의대리에 모두 적용된다.
   ④ 위반의 효과 : 유동적 무효. 표현대리가 되거나 무권대리의 본인의 추인에 의하여 유효가 될 수 있다.

제 4 장 법률행위의 대리 | 43

(3) 대리권의 남용

1) **의의** : 대리행위가 있었으나 실질적으로 대리인 자신 또는 제3자의 이익을 위해서 한 경우이다. 대리행위의 효과가 본인에게 미치는 것인가? 문제된다.

2) **학설** : 원칙적으로 유효이나 배임적 행위임을 상대방이 알았거나 알 수 있었을 때
   ① 무효라는 설(제107조 제1항 단서 유추적용)
   ② 상대방의 권리행사는 신의칙(제2조)상 허용될 수 없다는 견해 (권리남용설)
   ③ 대리권 부인설

3) **판례** : 제107조 제1항 단서 유추적용(다수). 본인에 대하여 무효
   ① **임의대리권의 남용** : 증권회사 직원이 예탁 자금을 유용한 경우 채권매수자금에 대한 위탁계약이 성립되었다고 볼 수 없다.
   ② **법정대리권의 남용** : 친권자(母)의 대리 행위가 본인에게는 경제적인 손실만 초래, 친권자나 제3자에게는 경제적인 이익, 상대방이 이러한 사실을 알았거나 알 수 있었을 때에는 제107조 1항 단서의 규정을 유추 적용
   ★ 제3자가 악의라는 사실에 관한 주장·증명 책임은 무효를 주장하는 자에게 있다.

4 대리권의 소멸

(1) 공통적 소멸원인(제127조)
본인의 사망, 대리인의 사망·성년후견의 개시·파산

(2) 법정대리권 특유
부재자의 재산관리인의 개임, 친권상실의 선고

(3) 임의대리권 특유(제128조)
원인된 법률관계의 소멸, 수권행위의 철회

▶ 대리행위

26강
대리행위

1 대리의사의 표시 / 현명주의

(1) **현명주의의 의의** : 대리인이 본인을 위한 것임(대리의사)을 표시해야 본인에게 효과 발생

(2) **'본인을 위한다'** : 본인에게 법률효과를 귀속시키려는 의사를 말하며, 본인의 이익을 위해서가 아니다.

(3) **현명의 방법**

  1) 비요식성 : 甲의 대리인 乙. 반드시 일정한 형식 (×)

    🏛 위임장 제시 계약서상 자기 이름 기재

  2) 본인의 특정성 : 반드시 본인의 성명을 명시해야 하는 것은 아니고, 본인임을 인식할 정도

    🏛 조합의 대리인이 조합대리는 조합원 전원 성명 제시 불요 상대방이 알 수 있는 정도 표시

  3) 수동대리에의 적용 : 상대방 쪽에서 대리의사 표시

(4) **현명하지 않은 행위의 효력**

  1) 원칙 : 대리인 자신을 위한 것으로 본다(제115조), 대리인의 착오 주장 (×)

    🏛 대리인이 본인 가장(甲이 임차인 명의로 계약체결, 임대인이 甲이 임차인인 것으로 안 경우) : 대리 (×)

    🏛 대리인은 본인의 이름으로도 대리의사 가능

  2) 예외 : 상대방이 알았거나 알 수 있었을 때 : 대리

  3) 수동대리 (×)

(5) **현명주의의 예외** : 상행위(상법 제8조)

2 대리행위의 하자(제116조)

(1) 판단기준 : 의사의 흠결, 사기·강박, 어느 사실을 알았거나 과실로 알지 못한 것으로 영향을 받을 경우. 그 사실의 유무는 <u>대리인</u>을 표준으로 결정(제116조 1항)

  1) 대리인이 강박 당하지 않는 한 본인이 당하더라도 취소(×)

  2) 제3자가 상대방을 사기·강박 : 대리인이나 본인이 알았거나 알 수 있었을 때 취소

  3) 매수인의 대리인의 악의·과실 : 담보책임 추궁 불가

    ※ 궁박상태(제104조)는 본인 기준

(2) 본인의 악의(예외) : 대리인이 본인의 지시에 좇아 행위한 때 본인이 안 사정, 과실로 알지 못한 사정에 관하여 대리인의 알지 못함(선의)를 주장하지 못한다(본인 보호 불요).

(3) 대리행위의 취소

  ① 대리인의 하자로 인한 취소권 : 본인에 귀속

  ② 대리인이 상대방에 사기·강박한 때 : 제3자의 사기·강박(×)
    (대리인은 제3자 ×)
    상대방은 본인의 선·악의에 관계 없이 취소 가능

3 대리인의 행위능력(제117조)

  1) 능력자임을 요하지 아니한다.

  2) 의사능력만 있으면 족하다.

  3) 법정대리 : 제한능력자 금지규정 有. 그런 규정이 없더라도 제한능력자는 불가(多)

▶ 대리의 효과

(1) 효과 : 직접 본인에게 귀속한다. 취소권, 하자담보책임도 본인에게 귀속한다.

(2) 본인의 능력 : 권리능력은 필요, 행위능력 불요

▶ 복대리

1 의의·성질

(1) 의의

대리인에 의해서 선임된 복대리인이 본인을 대리하는 관계.
대리인이 선임한 본인의 대리인

(2) 법적 성질

1) 복대리인도 대리인이다.
2) 본인의 대리인이다.
3) 임의대리인

2 대리인의 복임권과 그 책임

(1) 복대리인의 선임행위(복임행위)

1) 의의 : 본인의 이름 아닌 대리인의 이름으로 이루어진다.
2) 성질 : 본인과 대리인 사이의 내부관계에서 생기는 일종의 권능. 복임행위는 대리행위가 아니다.
3) 복대리인의 복임권 : 임의대리인의 조건에서 다시 복대리인 선임 가능

(2) 임의대리인의 복임권과 책임

1) 복임권
   ① 원칙 : 원칙적으로 복임권 ×, 본인의 신임. 언제든지 사임 가능
   ② 예외 : 본인의 승낙이나 부득이한 사유가 있는 때는 가능

   > 판례 대리인 자신의 처리가 불요한 경우, 본인의 명시적 금지가 없는 이상 가능
   > 판례 아파트분양 업무 위임 ; 수임인의 능력에 따라 성공여부 결정 - 명시적 승낙이 없는 한 불가

2) 복임에 대한 책임
   ① 원칙 : 선임·감독에 관한 책임, 부적당한 자 선임하거나 감독 소홀로 복대리인의 본인에게 손해를 입힌 때에는 배상 책임
   ② 예외 : 본인의 지명에 의한 선임인 때 책임 경감
   부적임 불성실함을 알고 통지나 해임을 태만히 한 때 책임

3) 법정대리인의 선임행위
   ① **복임권** : 항상 복임권, 권한 광범위, 사임도 쉽지 않고 본인의 신임에 의한 것 (×)
   ② **선임의 책임**
      - 모든 책임, 무과실 책임
      - 부득이한 사유로 선임한 경우, 선임 감독상의 과실책임만 진다.

★ 복대리인 선임과 책임

구 분	복임권	책 임
임의대리인	불가, 단 본인의 승낙, 부득이한 사유	선임·감독상의 책임 본인의 지명 : 감경
법정대리인	언제든지	전책임, 무과실책임 부득이한 사유 : 과실책임

3 복대리인의 지위

(1) 상대방과의 관계
  1) 대리인의 일반원칙 적용
  2) 본인의 이름으로 행위, 행위능력 불요
  3) 표현대리와 무권대리 : 대리인에게 대리권이 없거나 소멸된 경우

   📖 **판례** 표현대리
   ① 대리권소멸 후에 선임한 복대리인의 행위 : 표현대리(제129조) 가능
   ② 복임권 없는 대리인의 복대리인 선임 : 표현대리(제126조) 가능
      - 복대리행위의 무권대리 : (협의의)무권대리 적용

(2) 대리인과의 관계 : 대리인의 지휘 감독, 대리권에 의존

(3) 본인과의 관계
  1) 대리인과 동일한 권리의무(제123조 ②)
  2) 위임이면 선관주의, 비용상환 청구, 보수청구

4 복대리권의 소멸

(1) 일반적 소멸원인
(2) 대리인·복대리인 간의 내부관계 종료
(3) 대리인의 대리권(성년개시 심판 등) 소멸

▶ 무권대리의 의의·종류
(1) 표현대리
(2) 협의의 무권대리

▶ 표현대리

1 표현대리 일반

(1) 의의
  1) 일반적 의의
    ① 의의 : 대리인에게 대리권이 없음에도 불구하고 외관 존재
       → 본인에게 책임 인정하는 제도
    ② 취지 : 대리제도의 신용유지, 거래의 안전보호
    ③ 본질 : 무권대리이며, 법정책임이다.
  2) 요건 : 무권대리 행위, 유권대리 행위의 외관, 본인에게 귀책, 대리행위의 내용은 적법

    [판례] 강행법규 위반 표현대리 적용(×)
    사원총회의 결의가 필요한 총회 재산 처분

  3) 표현대리의 일반적 효과
    ① 법률효과의 본인귀속
    ② 과실상계 적용(×)(손배가 아니라 이행 자체 강제)
    ③ 상대방의 주장 필요, 소송에서는 변론주의

      [판례] 유권대리 주장에 표현대리주장 포함(×)

    ④ 표현대리 주장자 : 직접 상대방
  4) 적용범위 : 공법행위·소송행위에는 적용(×)

28강
표현대리(Ⅰ)

2 대리권수여의 표시에 의한 표현대리(제125조)

(1) 요건

1) 대리권수여의 표시
   - 성질 : 관념의 통지
   - 상대방 : 불특정다수인 대상 가능
   - 대리권 불요, 사실행위·사자에도 적용

   > 판례 사실행위를 위한 사자·보조자라도 대리권이 있는 표시·행동이 있는 경우
   > 판례 호텔시설 이용 우대회원 모집에 자신의 판매점, 총대리점, 사무소 등 명칭 사용 묵인
   > 판례 대리권이 추단되는 직함·명칭 사용을 승낙, 묵인한 경우
   > 판례 제조회사가 대리점 전문 취급점 및 전문총판으로 신문에 한번 광고 ; 대리권 수여 표시(×)

2) 표시된 범위 내에서의 대리 ; 배지 위임장의 전전 유통에도 적용(통)
3) 상대방의 선의 무과실(입증 ; 본인)

(2) 효과

1) 본인이 대리행위에 대하여 책임진다.
2) 상대방의 주장 필요 ; 소송에서는 변론 주의
3) 상대방이 표현대리 묻지 않고 무권대리 책임 추궁 불가(다)
4) 과실상계 적용 (×)

(3) 적용범위

1) 임의대리에만 적용
2) 공법행위·소송행위에는 적용 (×)

   > 판례 이행지체가 있으면 즉시 강제집행수락에 적용 (×)

3 대리권의 범위를 넘은 표현대리(제126조)

(1) 요건

1) 기본대리권의 존재

   ① **공법상대리권** ; 등기신청대리권을 이용 대물 변제한 경우(판)

   ② **임의대리권, 법정대리권** ; 후견감독인의 동의 없는 후견인의 부동산 처분(판)

   ③ **복대리권** ; 복대리인선임권 없는 복대리인의권한(판)

   ④ **표현대리권** ; 제125조, 제129조의 표현대리권

   ★ 대리권의 존재를 부정한 판례
   - 사술로 본인 모용(제3자를 남편으로 가장), 부동산담보 대출(×)
   - 부동산 소개업자에게 가옥이동용 인감만 교부, 詐僞방법의 인감(×)
   - 사실행위(증권사의 고객유치, 투자상담 및 고객유치) 위임(×)

2) 월권행위의 존재

   ① 대리권 없는 행위를 하여야 한다.

   판례 현명이 없는 경우 = 대리 (×) 표현대리 (×)

   부동산소유권등기를 자기 개인 앞으로 이전한 후 이를 자기의 소유물이라 하여 원고에게 매각하고 소유권 이전등기를 해준 경우

   ② 대리행위가 기본대리권과 동종·유사일 필요 없다.

3) 정당한 이유의 존재(상대방의 선의·무과실)

   ★ 정당한 이유를 인정한 판례
   ① 대지의 분할과 소유권이전등기를 위임 받은 자가 대리인이라 칭하고 제3자로부터 금원 차용, 매도담보
   ② 해외체류 중인 남편의 대리인 소유권이전등기 후 남편의 인감도장, 권리증, 인감증명서를 상대방에게 교부, 상대방이 그 명의로 소유권이전등기 받은 경우

   ★ 정당한 이유를 부정한 판례
   ① 남편 몰래 남편의 인장, 아파트 분양계약서, 기간 경과 인감으로 금전 차용, 아파트 매매
   ② 지방은행 예금취급소장이 그 자격을 사용하여 거액인 개인 수표 지급보증한 경우 – 상대방에 이례적인 사항, 과실 인정, 사용자책임 인정

(2) 효과

상대방은 표현대리인의 법률행위의 효력을 본인에게 주장할 수 있다.

29강 표현대리(Ⅱ)

(3) 적용범위

1) 경합 : 제125조(대리권수여의 표시에 의한 표현대리)와 제129조(대리권 소멸 후의 표현대리)와 경합
2) 법정대리에 적용
   - 판례) 후견감독인(친족회의)의 동의 없는 후견인의 처분행위
3) 복대리에 적용
   - 판례) 대리인이 임의로 선임한 복대리인의 행위
4) 일상가사 대리권과 표현대리
   ① 의의 : 부부간의 일상가사(법정)대리권. 부동산 매각과 같은 처분행위(×)
   ② 수권이 있다고 믿을 만한 정당한 이유가 있는 때 적용

   ★ 표현대리 인정한 판례
   ① 남편이 정신병원 장기 입원 중 입원비, 교육비 부족 충당 : 아내가 남편 부동산 적정가 매도, 들어갈 집 매수
   ② 미국에 간 자의 처와의 사이에 남편의 채무에 관하여 남편 소유의 부동산에 대한 근저당권 설정계약
   ③ 처가 남편 몰래 남편의 인감도장, 인감증명서 등 소지하고 대리인 행세하여 금원 차용, 남편 부동산에 가등기

   ★ 표현대리 부정한 판례
   ① 내연의 처가 남편의 인감증명 등 지참했더라도 상대방이 서류에 쉽게 입수할 수 있는 사정을 근저당권설정계약 시 상대방이 알아차릴 수 있는 경우
   ② 처가 제3자를 남편으로 가장 관련서류를 위조하여 남편 소유의 부동산을 담보로 금원대출 받은 경우

4 대리권 소멸 후의 표현대리

(1) 요건
   1) 대리권의 소멸
   2) 상대방의 선의·무과실(입증 본인)
   3) 권한 내의 행위일 것

(2) 효과

   본인에게 책임이 귀속한다.

(3) 적용범위

   임의대리, 법정대리, 복대리에 적용

30강 협의의 무권대리(Ⅰ)

▶ 협의의 무권대리

1 의 의
표현대리가 적용될 사정이 없는 경우의 무권대리이다.

2 계약의 무권대리
(1) 본인에 대한 효과

1) 본인의 추인권

① 의의 : 단독행위, 형성권

② 상대방 : 무권대리인 또는 상대방, 법률관계의 승계인(판)

무권대리인에 대한 추인 – 상대방이 알 때까지 효력이 없다(제132조).

③ 방법 : 명시적·묵시적 무관

★ 묵시적 추인 인정한 판례
① 명의(문중)를 사칭한 매매계약에서 진정한 소유자의 중도금 수령
② 무권대리인이 차용한 금원의 변제기일을 본인이 유예 요청할 경우

★ 묵시적 추인을 부인한 판례
① 子가 대리권 없이 父의 부동산 매도 : 매수인이 子를 고소하겠다는 관계로 매매대금을 반환하겠다면서 계약해제 요청, 금원반환기일 연기 요청
② 타인의 형사책임을 수반하는 무권대리행위에 대하여 권리 침해당한 자가 장기간 민사소송을 하지 않은 것
③ 당사자가 변론기일에 불출석하여 의제자백으로 간주된 경우

④ 추인의 효력 : 다른 의사표시가 없는 한 계약 시에 소급하여 효력 발생. 그러나 소급효로 제3자의 권리 침해 불가

⑤ 일부 추인·내용변경 추인 : 상대방의 동의 요

2) 본인의 추인거절권

① 의사의 통지, 무효 확정, 거절 후 추인 불가

② 추인거절의 방법과 상대방 : 추인과 동일

③ 추인거절 후에는 본인은 다시 거절 불가, 상대방은 최고·철회 不可

31강 협의의 무권대리(Ⅱ)

3) 상속과 무권대리인

① 무권대리인의 본인 상속(판)

무권대리인(본인 상속인) 추인거절(×), 금반언(신의성실)의 원칙

② 본인의 무권대리인 상속

본인(무권대리인 상속인) ; 신의칙에 반하지 않는 한 거절 가능(판)

(2) 상대방에 대한 효과

1) 최고권

① 상당기간을 정하여 최고 의사의 통지, 상대방의 선·악 불문

② 그 기간 내에 확답을 발하지 않으면 거절로 본다(발신주의).

2) 철회권

① 본인의 추인이 있을 때까지 본인 또는 대리인에 철회, 무효 확정

② 상대방의 선의인 때, 선의·악의(본인 입증)의 판단시점은 계약 시

★ 의사표시와 준법률행위(복습)

	의사표시 (청약, 승낙, 추인)	준법률행위 (최고, 거절, 통지)
내용	효과의사 (법률효과 발생을 의욕)	효과의사 이외의 정신 작용
효과 발생	당사자가 의욕하는 대로	법률의 규정에 따라서

(3) 무권대리인의 책임(제35조)

1) 요건

① 무권대리인의 대리권 증명하지 못할 것

② 상대방의 선의·무과실

③ 무권대리인이 행위능력자일 것

④ 무권대리인의 고의·과실 불요

⑤ 본인의 추인(유효확정)이나 상대방의 철회(무효확정)가 없을 것

2) 책임의 내용

상대방의 선택에 좇아 계약의 이행 또는 손해배상

3 단독행위의 무권대리

(1) **상대방 없는 단독행위** : 절대 무효, 추인해도 무효

(2) **상대방 있는 단독행위**

  1) 원칙 : 무효
  2) 예외
    ① 상대방이 무권대리인의 행위에 동의하거나 다투지 않은 때(능동대리), 무권대리인의 동의를 얻어서 행하여진 때(수동대리)
    ② 계약의 무권대리와 동일

무효와 취소

32강 법률행위의 무효(Ⅰ)

▶ **서 설**

1 법률행위의 효력요건 결여

– 효력요건의 결여 : 무효, 취소

★ 법률행위의 무효와 취소 비교

	무 효	취 소
기본 효과	처음부터 무효	유효한 행위의 소급적 무효
주장자, 방치	누구든지 무효 주장, 방치해도 무효	취소권자만이 취소 가능 일정 기간 경과로 유효 확정
추 인	비소급적 추인	취소권 소멸
부당이득 반환	성립	성립

▶ **법률행위의 무효**

1 무효의 의의

일단 성립, 법률행위로서 당사자가 의욕하는 효과 발생(×)

2 무효의 원인

(1) 당사자

 1) 의사무능력 → 절대적

 2) 상대방 없는 단독행위의 무권대리 → 절대적

(2) 목적

 불확정, 불가능, 위법, 반사회질서, 불공정 → 절대적

(3) **의사표시**

　비진의표시의 예외, 허위표시 → 상대적

(4) **기타**

　무허가토지거래(유동적), 공익법인의 기본재산 처분 → 절대적/유동적

3 무효의 종류

(1) 제3자에게도 주장할 수 있는가에 따라서

　1) **절대적 무효** : 당사자는 물론 제3자에 대하여도 무효 주장

　　　　　의사무능력, 반사회적 행위, 강행법규 위반 등

　2) **상대적 무효** : 제3자에게 무효 주장 제한

　　　　　비진의의사표시, 통정허위표시

(2) 무효 주장에 재판상의 절차가 필요한가에 따라서

　1) **당연 무효** : 특별한 절차나 행위 없이 무효 주장 가능. 민법상의

　　　　무효는 당연 무효

　2) **재판상 무효** : 재판에 의해서만 무효 주장

　　　　상법상의 회사 설립 무효, 회사합병 무효

(3) 무효의 범위에 따라서

　1) **전부무효** : 원칙적으로 전부무효

　2) **일부무효** : 법률행위의 일부에 무효사유가 있을 때

　★ 일부무효에 관한 판례
　　① 법률행위의 분할 가능성
　　② 일부라도 유효로 할 가상적 의사
　　　- 일체로 된 주식거래 계약
　　　- 투자수익 보장약정(무효), 거래계좌 개설·투자일임매매약정(유효)

(4) **확정적 무효 / 불확정적(유동적) 무효**

33강 법률행위의 무효(Ⅱ)

▶ 유동적 무효(판례) 정리

1 유동적 무효
현재는 무효이나, 추후에 허가나 추인에 의하여 (소급적)유효
- 토지거래 허가지역 내의 무허가 토지거래

> 판례 토지거래 허가지역 내에서의 토지와 그 지상건물의 매매 특별한 사정이 없는 한 토지거래 허가 후 토지·건물 일괄 이전

2 허가 받기 전 유동적 무효
단, 허가 배제 잠탈 목적 : 확정무효

3 법률관계(판례)
(1) 계약의 이행청구(×), 손배청구(×)
(2) 허가조건부 소유권이전 청구(×)
(3) 계약금의 부당이득 반환(×)
(4) 계약해제
  1) 채무불이행(×)
  2) 계약금(○)
(5) 유동적 무효의 효력
  1) 허가신청 절차이행 청구
     - 절차협력 약정기간의 경과로 확정 무효(×) (판)
     - 협력하지 않는 당사자에 대하여 상대방은 협력의무 이행청구 소송 가능

     > 판례 허가절차 협력의무이행청구권도 채권자 대위권의 대상

  2) 협력의무불이행으로 인한 손해배상
     - 매매계약을 일방적으로 철회한 매수인은 인과관계가 있는 한 손해배상의무(○)
     - 손배약정 유효
  3) 토지거래신청절차청구권의 보전

     > 판례 이를 피보전권리로 하는 매매목적물의 처분을 금하는 가처분을 구할 수 있다.

  4) 협력의무불이행으로 인한 계약해제(×)

4 허가 없는 토지매매 중간생략 등기

매매계약의 당사자는 각각의 매매계약에 관하여 허가를 받아야 하므로 무효(판)

5 확정무효가 되는 경우
(1) 허가배제 잠탈, 불허가신청 합의, 불허가처분
(2) 취소사유가 있어 취소권 행사, 정지조건의 불성취

6 확정유효가 되는 경우
(1) 사후허가
(2) 토지거래허가구역해제
(3) 토지거래허가구역 기간만료 후 재지정 (×)

▶ 무권리자의 처분행위

34강
법률행위의 무효(Ⅲ)

1 의 의
(1) 타인의 재산을 처분할 권한이 없는 자가 당사자로서 처분한 경우
(2) 무권대리와 구별
(3) 타인의 권리 매매(제569조). 채권행위로서 유효

2 무권리자의 처분행위에 대한 추인
(1) **개념** : 무권리자가 당사자로서 처분행위에 대한 권리자의 처분
(2) **추인의 근거** : 사적 자치(최근의 판례)
(3) **대상** : 처분행위, 변제수령도 포함
(4) **효과**
   1) 처분행위의 당사자의 변경(×). 진정한 권리자의 추탈권 포기
   2) 소급효
   3) 부당이득 반환 권리자는 무권리자에게 반환청구 가능

3 무효의 효과

행위 시부터 무효. 부당이득반환, 불법원인 급여는 반환청구(×)

4 무효행위의 전환(제138조)

(1) 의의

본래 의도한 법률행위(무효) → 새로운 법률행위(유효) 인정

(2) 요건

1) 성립한 법률행위의 무효

> **판례** 친생자 출생신고(무효) → 입양신고(유효)

2) 무효인 행위가 다른 행위로서의 요건을 갖출 것
3) 당사자가 무효임을 알았더라면 제2의 행위의사

(3) 전환의 제한

1) 불요식행위로의 전환(○)
2) 요식행위로의 전환(×)
3) 단독행위에는 성질상 불가능

법률규정(1071);
비밀증서에 의한 유언(흠결) → 자필증서에 의한 유언(유효)

4) 불공정행위에도 가능

(4) 효과

다른 법률행위로서 효력발생

5 무효행위의 추인

(1) 의의

확정무효인법률행위가 당사자의 의사표시에 의하여 새로운 법률행위로 본다.

(2) 요건

1) 추인권자는 법률행위를 한 자
2) 무효임을 알고 추인
3) 새로운 법률행위 요건 충족
4) 방식을 요하지 않는다. 묵시적으로도 가능

(3) 제한 ; 절대적 무효 (×)
(4) 추인의 효과
  1) 원칙 : 비소급. cf. 무권리자의 처분행위와 구별
  2) 예외적 소급효
    - 당사자 간의 약정 ; 당사자 간에만 효력을 갖는 소급효 가능
    - 무권한자의 처분행위
    - 신분행위(입양) ; 소급효(판례 실질관계의형성)

▶ 법률행위의 취소

1 취소의 의의 및 원인

(1) 의의

일단 유효하게 성립한 법률행위의 효력을 후에 행위 시에 소급하여 소멸시키는 단독의 의사표시

 1) 본래의 의미 : 민법 총칙 규정 적용
   - 제한능력자(미성년자, 피성년후견인, 피한정후견인)의 행위
   - 착오, 사기·강박에 의한 의사표시
 2) 기타의 취소 : 미성년자의 영업허락, 실종선고, 사해행위 등은 제140조 이하 적용(×). 주체, 방법 등 차이

(2) 구별개념

 1) 철회 : 법률행위의 효력발생 전에 장래를 향하여 효력 발생 저지. 무권대리인의 상대방의 철회(제134조)
 2) 해제 : 채무불이행 또는 약정에 의하여 유효한 계약의 효력을 소급적으로 소멸계약에만 적용된다.
 3) 해지 : 유효하게 성립한 계속적 계약을 장래를 향하여 소멸시키는 행위

(3) 취소권의 성질

당사자 일방의 의사표시로 법률효과를 변동시키는 형성권

(4) 취소의 원인 ; 법정

> 판례 취소 원인이 존재하지 않는 한 쌍방이 의사표시(갑은 강박을 원인으로 을은 착오를 원인으로 취소)하더라도 합의 취소 불가. 해제와 구별

2 취소권자

(1) **취소권자** : 한정되어 있다.

(2) **취소권자**

  1) 제한능력자 : 제한능력자도 취소. 취소의 취소는 불가

  2) 착오, 사기·강박에 의한 의사표시자 대리인

  3) 법정대리인, 임의대리인(△)

    임의대리인이 취소하기 위해서는 본인의 수권이 필요하다.

  4) 승계인 : 포괄승계인, 특정승계인(△)

    특정승계인이 취소하기 위해서는 취소할 수 있는 행위에 의해서 취득한 권리의 승계가 필요하다.

(3) **취소권의 입증** : 취소주장자 입증

3 취소의 방법

(1) **상대방에 대한 단독의 의사표시**

  1) 묵시적으로도 가능

  2) 상대방이 다수인 경우 전원에게 해야 한다.

(2) **취소의 상대방**

  1) 법률행위의 상대방 : 전득자(×)

  2) 취소 후 전득자에 대한 물권적 청구권은 제3자 보호규정(109조②) 때문에 제한되는 경우가 있다.

4 취소의 효과

(1) **소급적 무효** : 법률행위는 처음부터 무효

  판) 매수인의 중도금 이행 지체로 매매계약 해제 후 착오를 이유로 취소 가능

  판) 취소 후의 추인 : 취소할 수 있는 행위의 추인은 불가하고, 무효행위의 추인은 무효원인 소멸 후 추인할 수 있다.

    ※ 무효와 취소의 2중효(각각의 요건을 증명해 무효, 취소를 주장 가능)

36강
법률행위의 취소(Ⅱ)

(2) 절대적 취소와 상대적 취소

　1) 제한능력을 이유로 한 취소 : 절대적 취소. 누구에게나 취소 주장 가능

　2) 착오·사기·강박에 의한 취소 : 상대적 취소. 제3자에 대항 불가

(3) 부당이득 반환의무

　1) 원칙

　　① 선의의 수익자 : 받은 이익이 현존하는 한도

　　② 악의의 수익자 : 받은 이익 + 이자 + 손해배상

　2) 제한능력자에 대한 특칙 : 현존 이익의 한도

(4) 일부취소(판, 인정)

　1) 법률행위가 가분적이거나, 목적물의 특정

　2) 나머지라도 유지하려는 당사자의 가상적 의사

5 취소할 수 있는 법률행위의 추인

(1) 의의 : 취소할 수 있는데도 취소하지 않겠다는 의사표시. 취소권은 소멸한다. 취소권의 포기

(2) 요건

　1) 추인권자 = 취소권자

　2) 취소원인 종료 후

　3) 법정대리인은 취소원인 종료와 무관

　4) 취소할 수 있는 행위임을 알고 해야 한다.

　5) 취소 전에만 가능 : 취소 후 무효인 법률행위는 무효행위 추인은 가능. 수인의 취소권자 중 1인이 취소하면 추인 불가

(3) 추인의 방법 : 추인의 의사표시가 상대방에 도달하면 효력발생. 취소와 동일

(4) 효과

　1) 추인의 소급효는 무의미

　2) 수인의 추인권자 : 1인이 추인하면 취소권 소멸

★ 여러 가지 추인
① 무효행위의 추인(제139조) : 비소급
② 취소할 수 있는 행위의 추인(제143조) : 취소권 소멸
③ 무권대리 행위의 추인(제131조) : 소급효
④ 무권리자의 처분행위의 추인 : 소급효(판)

6 법정 추인

(1) 사유

1) 이행
2) 이행의 청구, 상대방(×)
3) 경개
4) 담보제공
5) 권리의 양도, 상대방(×)
6) 강제집행

(2) 시기·방법 추인할 수 있은 후. 이의의 유보 없이

(3) 효과 : 추인 간주

7 취소권의 단기 소멸(제146조)

(1) 인정 취지 : 법률관계의 안장

(2) 행사기간 : 추인할 수 있는 날부터 3년, 법률행위를 한 날로부터 10년 이내에 행사하여야 한다. 선도래 기간 만료로 소멸

> 판례 취소할 수 있는 날 ① 취소원인종료 ② 법률상 장애 상태 없는 상태 취소, 추인이 자유로운 상태(계엄사 합수부 강제증여 이전등기 제소 전 화해조서 취소확정) 비상계엄해제만으로는 부족

(3) 기산의 성질 : 제척기간(소멸시효 기간)(×), 출소기간(×)

(4) 취소권 소멸의 효과 : 확정 유효

(5) 적용범위

1) 공법행위(행정상 신청, 소송행위)(×)
2) 취소권의 행사로 발생하는 부당이득 반환 청구권의 소멸시효는 별도로 진행(판)

법률행위의 부관

제6장
경록 에센스 노트

37강
법률행위의 부관(Ⅰ)
- 조건

▶ **법률행위의 부관**

1 서 설
(1) 조건과 기한의 성질
  1) 법률행위 효력 문제 : 성립의 문제가 아니다.
  2) 부관의 종류 : 조건과 기한
  3) 조건과 기한의 구별
    > 판례 사실이 발생하지 아니하면 채무이행을 하지 아니하는 것이 조건이고, 발생한 때는 물론이고 발생하지 아니한 때에도 채무를 이행하는 것이 확정되는 것이 불확정 기한 (정리회사가 일정 기한까지 희퇴 신청하면, 정리계획 인가일로부터 1월 이내에 평균임금 3월분 퇴직위로금 지급하겠다는 약속 : 불확정 기한)

(2) 부관부 법률행위의 효력
  법률행위의 내용의 일부, 유동적 효력

2 조 건
(1) 조건의 의의
  1) 개념 : 법률행위의 효력의 발생 또는 소멸을 장래의 도래 불확실한 사실에 의존케 하는 법률행위의 부관
  2) 조건부 법률행위 : 성립을 전제로 하는 효력요건

(2) 조건의 종류
  1) 정지조건 / 해제조건
    ① 정지조건 : 조건이 성취되면 그 때부터 법률행위의 효과가 발생한다는 조건
      > 판례 정지조건부에 해당하는 사실의 입증 : 법률효과를 저지하려는 자
      > 판례 정지조건이 성취되었다는 사실의 입증 : 법률효과의 주장자

② 해제조건 : 조건이 성취되는 때로부터 법률행위의 효력이 소멸하는 조건

> 판례 약혼예물 수수의 법적 성질 : 혼인의 불성립을 해제조건으로 하는 증여 유사

★ 수의조건 / 비수의조건(우성, 혼성)
- 수의조건 : 순수수의조건은 무효, 단순수의조건은 유효
- 비수의조건 : 우성, 혼성은 유효

2) 가장조건

① 불법조건 : 선량한 풍속 기타 사회질서에 위반하는 내용의 조건
법률행위 전체가 무효

> 예 살인 목적의 부동산증여

② 기성조건 : 법률행위 당시 이미 성취되어 있는 조건
정지조건이면 조건 없는 법률행위, 해제조건이면 무효가 된다.

③ 불능조건 : 객관적으로 성취될 수 없는 조건
정지조건이면 무효, 해제조건이면 조건 없는 법률행위

④ 법정조건 : 법률의 규정에 의해서 부과된 조건

> 예 법인설립에서의 관청의 허가

민법규정 : 조건 (×) 조건은 부수적 의사표시

(3) 조건을 붙일 수 없는 법률행위

1) 조건과 사적 자치의 원칙 : 사적 자치의 원칙상 법률행위에 조건을 붙일 수 있다.
2) 공익상 불가 : 가족법상의 행위, 어음·수표행위(단, 어음 보증 가능)
※ 물권행위에도 조건을 붙일 수 있다.
3) 사익상 불가

① 단독행위에 조건을 붙이면 상대방에 불리하기 때문에 허용되지 않는다. 단, 상대방에게 이익을 주거나(채무면제, 유증), 상대방이 동의한 경우에는 가능하다.

② 조건 불가 법률행위에 조건을 붙이면 : 전부무효

38강 법률행위의 부관(Ⅱ) - 조건

(4) 조건부 법률행위의 효력

1) 조건성부 확정 전 : 조건의 성취로 받을 이익(조건부 권리 기대권, 희망권)
   ① 침해금지(침해하면 불법행위 구성)
   ② 처분·상속·보존·담보제공

2) 조건성부 확정 후의 효력
   ① **정지조건** : 성취면 효력 발생, 불성취면 무효 확정
   ② **해제조건** : 성취면 소멸, 불성취면 유효확정
   ③ 조건성취의 효력은 소급하지 않는다. 예외 有

3) 조건성취·불성취
   ① 입증
      ㉠ 정지조건 : 법률행위의 성립(효과 주장자 입증)
         → 정지조건부라는 입증(효과 부정자 입증)
         → 조건성취사실 입증(효과 주장자)

         🔖 조건부 증여의 조건성취의 입증 : 목사의 자진 사임 입증으로 위로금
      ㉡ 해제조건 : 법률행위의 성립(효과 주장자 입증)
         → 해제조건부라는 점과 조건성취 입증(효과 부정자 입증)
   ② **반신의행위에 대한 조건성취·불성취의 의제**
      ㉠ 조건의 성취로 인하여 불이익을 받을 당사자가 신의성실에 반하여 조건의 성취를 방해한 때 → 조건의 성취 의제
      ㉡ 조건의 불성취로 인하여 이익을 받을 당사자가 신의성실에 반하여 조건을 성취시킨 때 → 조건의 불성취 의제

      🔖 조건성취로 의제되는 시점 = 반신의 행위가 없었더라면 조건이 성취되었으리라 추산되는 시점

제5장 무효와 취소

39강 법률행위의 부관(Ⅲ) - 기한

3 기 한

(1) 의의·종류

1) 의의 : 법률행위의 효력의 발생·소멸 또는 채무의 이행을 장래 도래 확실한 사실에 의존케 하는 부관

1) 종류

① 시기/종기
- 시기 : 법률행위의 효력의 발생 또는 채무의 이행 효과가 발행하는 기한
- 종기 : 법률행위의 효력을 소멸시키는 기한

② 확정기한 / 불확정기한
- 도래시기 확정
- 도래시기 불확정(사람의 사망)

(2) 기한을 붙일 수 없는 법률행위

1) 법률효과가 즉시 발생할 것을 요하는 행위(혼인, 입양)
- 어음·수표에 시기는 가능

2) 소급효가 있는 행위(취소, 상계 등 단독행위, 합의해제)

(3) 기한부 법률행위의 효력

1) 기한의 도래

　기간의 경과, 기한의 포기, 기한의 이익 상실

　기한도래의 효과는 절대불성립

2) 기한도래 전의 효과
- 기한부 권리의 침해금지
- 기한부 권리의 처분·상속·보존·담보제공

> **판례** 조건과 불확정 기한의 구별 ; 발생하지 않은 때(화사정리)에도 채무발생

3) 기한도래 후의 효과
- 시기부 법률행위 : 효과 발생
- 종기부 법률행위 : 효력 상실

(4) 기한의 이익

1) 의의 : 기한이 존재함(미도래한)으로 당사자가 받는 이익을 말한다.
2) 기한의 이익에 대한 추정 : 채무자의 이익 추정

채무자의 이익	무이자 소비대차
채권자의 이익	무상 임치
쌍방의 이익	이자부 소비대차, 유상임치

3) 기한의 이익 포기 : 상대방의 이익 침해(×)
4) 기한의 이익 상실
   ① 채무자의 담보 손상 감소
   ② 채무자의 담보제공 의무 불이행
   ③ 채무자의 파산
   ④ 당사자의 특약
   － 정지조건부 기한의 이익 상실
   － 형성권적 기한의 이익 상실 → 추정

PART 02 물권법

출제비율 36.3%

	구 분	25회	26회	27회	28회	29회	30회	31회	32회	33회	34회	계	비율(%)
물권법	제1장 물권법 총설	0	1	1	0	0	1	1	2	2	2	10	2.5
	제2장 물권의 변동	2	2	1	1	1	2	3	2	0	2	16	4.0
	제3장 점유권	1	1	1	2	2	1	1	1	2	1	13	3.3
	제4장 소유권	3	3	4	4	5	4	2	3	3	2	33	8.3
	제5장 용익물권	3	4	2	3	3	3	3	3	4	3	31	7.8
	제6장 담보물권	5	4	6	5	4	4	4	3	3	4	42	10.5
	소 계	14	15	15	15	15	15	14	14	14	14	145	36.3

물권법 총설

40강 물권법 총설(Ⅰ)

▶ 물권의 의의 및 특질

1 특정된 독립의 물건에 대한 권리(객체면)

(1) **물권의 객체** : 물건
  − 예외 : 유가증권 유치권, 재산권 권리질권, 지상권·전세권·저당권

(2) **현존하고 특정된 물건** : 현존하지 않는 물건(입주권) (×)

(3) **독립된 물건에 대한 권리** : 물건의 일부나 구성 부분(정화조, 돌담, 논둑, 시설부지의 레일 등) (×)

★ **종물(주물과 종물)**
  1) **의의** : 소유자가 주물의 常用에 공여하기 위하여 자기소유의 다른 물건을 부속하게 한 때 그 부속물
  2) **요건**
    ① 독립한 물건(주물의 구성 부분 : 정화조, 흙, 부지의 레일 ×)
    ② 부속(장소적 관계) : 구성부분(×)
    ③ 주물의 상용에 공여 : 백화점 내의 전화 교환기, 횟집의 수족관
    ④ 소유자 동일(판)
  3) **종물의 효과**
    ① 처분의 수반성 : 종물은 주물의 처분에 따른다.
      공시방법 요구, 임의규정
    ② 저당권의 효력이 미치는 범위(제358조 관련)
      주물에 저당권이 설정된 경우 저당권의 효력은 부합물·종물에 미친다.
      🔖판례 축사건물과 부지를 임의경매 받은 사람이 부지 밖에 설치된 피해자 소유의 소독시설을 출입한 경우에 소독시설은 종물(×)
  4) **종된 권리에 유추적용**
    ① 주된 권리와 종된 권리에 유추
      건물소유권과 그를 위한 대지임차권, 지상권
    ② 저당권의 효력도 동일
      전유부분의 저당권 → 대지사용권에 유효

2 직접적·배타적 지배권(내용면)

(1) **직접적 지배권** : 타인의 행위를 개입시키지 않고 직접 사용·수익·처분할 수 있는 권리
(2) **배타적**(독점적) **지배권** : 동일물 위에 양립할 수 없는 2개의 물권이 동시에 성립 불가. 채권은 2중계약 가능

3 권리의 절대성

(1) 의의
  1) 대세권 : 물권은 모든 사람에 대하여 주장 가능. 채권과 차이
  2) 추급력(침해의 금지) : 누구의 침해로부터도 보호된다.
     반환, 방해제거, 방해예방청구 가능(물권적 청구권)
(2) 절대성의 예외
  1) 상대적 처분금지(압류, 가압류)등기 : 그 이후의 소유권 승계취득자는 처분금지자에 대하여는 소유권 주장(×)
  2) 소유권의 신탁자 : 대외적으로는 수탁자만 권리행사

4 양도성

양도성 보장. 전세권 예외(특약에 의한 양도성 배제)

▶ **일물일권주의**

1 의의 및 근거

(1) **의의** : 하나의 물권의 객체는 하나의 물건
(2) **인정근거**
  1) 배타적 지배권이라는 본질적 내용
  2) 물권의 일부나 다수의 물건에 하나의 물권을 인정하면 공시가 어렵고 혼란
  3) 물권의 거래안전과 원활 도모

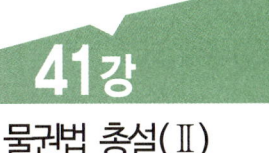
41강
물권법 총설(Ⅱ)

2 일물일권주의의 내용

(1) 일개의 물건(부동산)

1) 토지 : 각 구역을 1필지, 필지 별로 등기 독립성 인정(등록에 의해서 결정). 단, 용익물권은 1필의 토지의 일부를 대상으로 할 수 있다(부분 지상권, 구분지상권, 지역권 등).

2) 건물
   ① 토지의 정착물이지만 토지와 별개 독립의 물건
   ② 건물의 개수 → 사회 통념에 따라 결정

3) 수목의 집단 : 원칙적으로 토지의 정착물이나, 등기(입목), 명인방법에 의하여 독립된 부동산으로 인정

4) 미분리의 천연 과실(명인방법)

5) 농작물
   ① 정당한 권원에 의하여 타인의 토지에 경작·재배한 농작물로서 수확기에 있는 것은 공시방법 없이 토지에 부합(×) 독립한 부동산
   ② 정당한 권원에 의하지 않고 부합된 농작물도 수확기에 이른 것은 독립 부동산

   🔖 권원이 없는 경우에도 수확기에 이르면 독립물 : 경작자 소유(부당이득 성립)
   🔖 수목의 소유권 : 권원이 없으면 토지소유자에 귀속, 권원이 있으면 식재한 자 소유

(2) 1개 물권의 의미

1) 양립 불가능한 물권
   하나의 물건 위에 동시 성립 불가(2개의 소유권 ×, 2개의 지상권 ×) 그러나 내용이 다른 물권은 성립 가능 ; 소유권과 제한 물권

2) 공유권계 : 다수의 공유자가 분량적으로 제한된 물권. 1물1권주에 어긋나지 않는다.

3 일물일권주의의 예외

(1) 민법 : 구분지상권, 건물의 구분소유

(2) 특별법

　1) 물건의 집합에 대하여 1물 인정 : 재단저당법, 입목에 관한 법률

　2) 집합건물의 1부에 구분소유권 인정 : '집합건물 소유 및 관리에 관한 법률'

(3) 집합물에 대한 물권의 성립

　1) 판례 : 증감·변동하는 상품 일체(집합물, 제강회사의 원자재)에 대한 양도담보 인정

　　　예) 양만장에 있는 뱀장어 전부, 돈사 내의 돼지 전부에 양도담보설정

　2) 성립요건

　　① 목적물 범위의 특정 : 목적 부동산이 담보권 설정자의 다른 물건과 구별될 수 있도록 종류·방법·수량 지정

　　　판례) 공장에 있는 철강제품 원자재, 양만장 내의 뱀장어 전부, 돈사 내의 돼지 전부

　　② 공시방법 : 점유개정 – 외부에서 인지 곤란, 양도담보 설정 후 추가되는 물건은 별도의 양도담보설정, 점유개정 불요

　3) 2중의 양도담보 설정

　　① 제2의 양도담보 설정행위 : 무권리자의 처분행위로 무효(판)

　　② 단, 제2의 양도담보의 설정행위의 상대방은 선의취득의 요건(점유개정 외의 요건)을 갖추면 양도담보권 선의취득

4 물권의 종류

(1) 물권법정주의(제185조)

　1) 의의 및 근거

　　① 물권의 종류와 내용은 법률, 관습법이 정하는 한도 내에서만 인정

　　② 자유로운 소유권 확보, 물권공시를 위해서 물권의 내용이 유형화 법정 필요

2) 민법 제185조의 해석
   ① **법률의 의미** : 형식적 의미의 법률. 명령·규칙 제외
   ② **관습법에 의한 물권인정** : 관습법상 지상권, 분묘기지권, 동산의 양도담보 등
   ③ **임의 창설·변경(×)**
   ④ **종류강제** : 동산에 저당권 설정 – 무효
   ⑤ **내용강제** : 저당권자의 목적부동산 사용·수익 – 무효

   🟢 판례 관습상의 사도통행권 부인

(2) 물권의 종류

   1) 민법상의 물권
      ① 점유권
      ② 본권 ┬ 소유권
             └ 제한물권 ┬ 용익물권
                        └ 담보물권

      ★ 부동산 물권과 동산 물권

   2) **특별법상의 물권** : 가등기담보권, 양도담보권
   3) **관습법상의 물권** : 관습법상의 법정지상권, 분묘기지권 등

   ★ 물권으로 인정되지 않는 것
      🟢 판례 온천권(×)
      🟢 판례 배타적 공원이용권(×)
      🟢 판례 미등기 무허가 건물의 양수인의 소유권(×)

42강 물권의 효력(Ⅰ)

▶ 우선적 효력

1 물권 상호간의 우선적 효력

(1) 상호 배타적인 물권 상호간

먼저 성립한 물권만 유효. 후 물권 무효. 소유권 취득 후 또 다른 소유권 무효

(2) 양립 가능 물권 간

1) 소유권과 제한물권 : 제한 물권 우선
2) 제한물권 상호 간 : 먼저 성립한 물권이 우선
   [판례] 전세권 존속기간 전에 설정 등기된 전세권의 순위 : 등기된 순위
3) 점유권은 물건을 사실상 지배하는 권리이므로 우선적 효력(×). 점유권과 본권은 병존

2 채권에 우선하는 효력

(1) 원칙 : 물권이 채권에 우선
(2) 예외

1) 가등기된 부동산채권
2) 등기된 부동산임차권
3) 등기된 환매권
4) 확정일자 있는 부동산임차권
5) 특별법상의 소액임차보증금(서울 기준)

   (주임차 : 1.5억원 중 5천만원, 상임차 : 6천500만원 중 2천2백만원)

43강 물권의 효력(Ⅱ)

▶ 물권적 청구권

1 의의 및 인정취지

(1) 의의

물권의 지배 상태가 방해당하거나 방해당할 염려가 있을 때, 물권자가 방해자에 대하여 방해의 제거 또는 예방을 청구할 수 있는 권리이다.

(2) 취지

물권의 효력, 즉 목적물에 대한 직접적·배타적 지배권 확보

2 종류

(1) 내용에 따라서 : 반환청구, 방해제거, 방해예방

(2) 전제가 되는 물권에 따라서

1) 점유권에 기한 물권적 청구권
2) 본권에 기한 물권적 청구권
3) 점유를 수반하는 물권에는 양자 병존 가능

3 성질

(1) 독립한 청구권 : 채권과 유사하나, 순수한 채권(×)

(2) 물권에 의존 : 물권 없는 물권적 청구권은 보유(×)

(3) 채권적 청구권에 우선 : 채무자의 파산시 별제권(파산에 관한 법률)

(4) 소멸시효의 대상

> 판례 소유권에 기한 물권적 청구권(×)
> ① 변제 후 양도담보설정자의 말소등기청구권
> ② 합의해제에 따른 매도인의 원상회복청구권

※ 제한물권에 기한 물권적 청구권의 소멸시효 - 판례 無

4 발생요건

(1) 물권에 대한 침해 또는 침해 우려

(2) 고의·과실은 요건이 아니다. : 불가항력에 의한 침해도 성립

5 청구권의 당사자

주체 : 현재 물권을 침해당한 (당할 염려가 있는 자)
→ (상대방) 침해 상태의 지배자에 대하여 청구
　　　현재 침해 또는 침해의 우려가 없는 때는 상대방(×)

6 청구권의 내용

(1) 침해 제거 또는 예방 청구
(2) 인용청구권이 아니라 행위청구권이라는 것(판례)
(3) **비용부담의 문제** : 소유자가 침해자에 대하여 비용을 청구할 수 없다(판례).
　－ 이행청구, 강제집행으로 해결
(4) **물권적 청구권이 이행불능인 경우** : 이행불능인 경우에 손해배상 발생 (×)(판례)

　X 토지 …… 국가(國보존 등기) → 甲(소유권 이전 등기, 등기부취득시효 완성)
　X 토지에 소유자 査定을 받은 乙(상속인) ; 國에 대하여 소유권 보존등기 말소 소송 승소 이어서 甲에 대한 소유권 이전 소송 패소. 소유권에 기한 방해배제이행불능, 계약관계가 아니어서 이행불능에 기한 손해배상 발생 (×)
　－ 불법행위에 의한 손해배상 청구권은 別論

7 다른 청구권과의 관계

(1) 부당이득반환청구권과의 경합
　－ 그러나 불법원인급여에 해당하면 반환청구 불가(판례)
(2) 불법행위에 기한 손배청구권과의 경합
(3) 점유권과 본권에 기한 반환청구권 경합

물권의 변동

44강
물권의 변동(Ⅰ)
- 총설

▶ **물권변동의 의의·태양**

1 물권변동의 의의
물권의 발생, 변동, 소멸을 말한다.

2 물권변동의 태양
(1) 원인에 따른 분류
  1) 법률행위(물권행위)에 의한 변동 : 등기, 인도 요
  2) 법률의 규정에 의한 변동
     상속, 공용수용, (형성)판결, 경매 (등기불요)
     취득시효 (등기요)
(2) 객체에 의한 분류
     부동산물권 변동 / 동산물권 변동

3 물권변동과 공시제도
(1) 공시의 필요성
  1) 물권의 배타성, 일반인에 알리지 않으면 제3자에 손해 우려
  2) 일정한 표지에 따라 알리는 제도 : 공시제도
(2) 공시의 원칙(공시제도)
  1) 공시방법 : 등기, 인도, 등록, 명인방법
  2) 공시 제도의 확장 : 배타성을 갖는 권리(어업권, 무체재산권 등)
(3) 공시방법에 대한 입법주의
  1) 대항요건주의(의사주의 - 프랑스, 일본) : 공시방법을 갖추지 않았더라도 당사자 간에는 물권변동의 효력 발생. 제3자에 대항하기 위해서는 공시방법 요구

2) **성립요건주의**(형식주의 – 독일, 한국) : 공시방법을 갖추지 않으면 당사자에게나 제3자에게나 물권변동의 효력이 발생하지 않는 입법주의
3) **우리민법** : 형식주의(제186조) 채택

4 공신의 원칙
(1) **의의** : 공시방법을 신뢰한 자를 공시된 대로 마치 권리가 존재하는 것처럼 보호하는 제도
(2) **입법례 및 민법의 입장**
 1) 동산 ; 예외 없이 인정
 2) 부동산 ; 독일, 스위스, 영미법에서는 인정하고 있으나 민법은 미채택. 위조된 등기를 신뢰한 매수인은 원칙으로 소유권 취득 불가
 3) 제3자 보호 ; 의사표시에 관한 규정. 계약 시 원상회복에 관한 규정 등
(3) **공신의 원칙의 장·단점** : 거래의 안전 보호되나, 진정한 권리자가 권리를 잃게 된다.
(4) **확장** : 표현대리, 채권의 준점유자에 대한 변제의 유효성
(5) **공시의 원칙과 공신의 원칙의 관계** ; 논리적인 연관성이 있는 것은 아니다.

▶ 물권행위
1 의의
(1) **개념** : 직접적으로 물권변동의 효과를 가져오는 행위
　　　　　소유권이전의 합의, 저당권설정의 합의 등
(2) **법적 성질** : 불요식행위, 처분자에게 처분권 필요
(3) **채권행위와의 구별**

2 물권행위의 성질

(1) 물권행위의 독자성
1) 의의 : 물권행위가 채권행위의 이행으로 이루어지는 경우에 현실적으로 채권행위와 구별하여 이루어지는가?
2) 민법의 해석 : 다투어진다(판례는 부인).

(2) 물권행위의 무인성(판례는 부인)
1) 의의 : 물권행위가 채권행위의 이행으로 이루어지는 경우에 채권행위가 무효, 취소이면 물권행위의 효력은?
① 유인설 : 당연히 소급하여 무효이다.
② 무인설 : 채권행위의 효력에 영향을 받지 않는다(다수설).

> 판례 계약해제로 인한 물권의 복귀

2) 독자성과 무인성의 관계
물권행위의 독자성을 인정할 때 유인성, 무인성 제기
독자성 부정이면 당연히 유인성

45강 물권의 변동(Ⅱ) - 등기

▶ 부동산등기(물권변동의 구성요소)

1 등기의 의의
법적 절차에 따라 등기부에 부동산에 관한 권리관계를 기재하는 것 또는 기재 자체

2 등기부의 구성
(1) **부동산 등기부의 종류** : 토지등기부, 건물등기부
(2) **등기부의 구성** : 등기번호란, 표제부(표시번호란, 표시란), 갑구(소유권), 을구(소유권 이외의 권리)

3 등기의 종류
(1) 기입등기(소유권보존등기, 소유권이전등기, 지상권설정등기)
(2) 경정등기, 변경등기
(3) 말소등기, 회복등기, 멸실등기

4 등기의 절차

(1) **원칙** : 공동신청주의(등기권리자, 등기의무자)

(2) **예외** : 단독신청(보존등기, 판결에 의한 등기 등)

(3) **등기의 효력 발생** : 등기가 완료되면 접수 시에 효력발생

5 가등기

(1) **의의**

  1) 부동산 물권 등에 대한 청구권을 보전하려 할 때
  2) 청구권이 시기부, 정지조건부이거나 장래 확정될 것인 때
  3) 본등기의 순위 보전을 위한 예비등기

(2) **요건·절차**

  1) 청구권의 존재 : 채권적 청구권, 물권적 청구권(×)

   >[판례] 甲이 乙과의 합의 아래 제3자로부터 토지를 乙이름으로 매수 이전등기 경료, 다른 채권자들의 압류 乙의 임의 처분에 대비 甲 명의로 소유권이전청구건 보전의 가등기 경료 : 甲乙 간 약정 허위표시(×), 가등기 유효

   >[판례] 계약해지 시 매수인은 매도인에게 소유권이전등기의 약정이 있는 경우에 소급효가 제한되는 경우에 대비한 가등기(○)

   >[판례] 甲이 가등기에 기한 본등기에 의하지 아니하고 별도의 소유권이전등기(예 명의신탁해지)를 하였다고 하여, 혼동의 법리에 의하여 가등기에 기한 본등기청구권이 소멸되는 것은 아니다.

  2) 당사자의 신청 : 공동신청 또는 의무자의 승낙서 가처분명령 첨부 단독신청

(3) **가등기의 효력**

  1) 본등기 전 : 권리변동적 효력(×)
  2) 본등기 후 : 본등기의 순위는 가등기에 의함, 물권변동 소급(×)

(4) **관련문제**

  1) 가등기의 가등기 : (청구권의 양도) 주등기에 부기하는 형식

   >[판례] 가등기의 가등기(○)

  2) 담보가등기

   - 형태는 동일하나 담보목적의 가등기
   - 경매청구, 우선변제(실체적 효력)

(5) 가등기에 기한 본등기 절차

1) 소유권에 기한 가등기 후 중간처분의 등기가 있는 경우

① 본등기 청구의 상대방 : 중간취득자(×), 원소유자

> 📖 판례 가등기가 이루어진 부동산에 관하여 제3취득자 앞으로 소유권 이전등기가 마쳐진 후 그 가등기가 불법 말소된 경우 : 말소회복등기의 상대방 – 제3취득자

② 본등기 후 : 중간처분등기는 직권 말소

2) 가등기 권리자가 수인인 경우의 권리행사 방법

① 수인의 가등기채권자가 1인 채무자에 대하여 예약완결권을 갖는 경우 : 복수채권자 전원이 행사

소유권이전 청구소송 : 필수적 공동소송. 매매예약완결권 준공유자 전원이 제기

② 수인의 공유지분의 매수인이 소유권 이전청구권을 위한 가등기 : 자신의 지분에 관하여 단독으로 본등기 청구

46강 물권의 변동(Ⅲ) – 법률행위에 의한 물권변동

▶ 법률행위에 의한 물권변동

1 민법 제186조(형식주의)

부동산에 관한 물권의 득실변경은 등기하여야 그 효력이 생긴다.

2 등기를 요하는 물권변동

(1) 등기 대상

1) 소유권, 지상권, 지역권, 전세권 등 점유권(×) 유치권(×)

2) 부동산임차권, 환매권

(2) **득실변경의 의미** : 물권의 설정, 이전, 변경, 소멸, 처분의 제한

(3) **부동산 점유취득시효** : 등기 요

3 문제되는 경우(판례)

(1) **원인행위의 실효**(유인설) : 물권의 복귀, 등기 불요

(2) **재단법인 설립 시 출연부동산**

  1) 당사자 간 : 등기 불요
  2) 제3자에 대한 관계 : 등기 요

  ★ 제한물권의 소멸 청구(제87조, 제311조)와 소멸청구(제313조) ; 실익 無

4 등기의 유효요건

(1) **형식적 요건**

  1) 등기의 존재 : 등기부

    불법말소 : 회복등기(종전의 등기와 동일한 순위의 회복 등기)

  2) 표제부의 하자

    ① 대상부동산의 존재
    ② 표제부의 기재와 부동산 실제와의 일치 : 동일성, 유사성
      같은 부동산에 따로 보존등기가 없으면 경정등기 가능

  3) 1부동산 1등기용지의 원칙

    ① 표시란의 2중등기(2중의 보존등기) – 사실관계 부합
    ② 사항란의 2중등기 – 선 등기 유효(판)

  4) 신청절차의 적법

    ① 다소의 절차상의 하자 : 당사자에 신청의사가 있고, 실체관계에 부합하는 등기 유효
    ② 위조문서, 무권대리인, 사자명의의 신청(판례 공동상속인의 신청)
    ③ 관할등기소 : 위반이면 당연 무효

    판례 死者명의로 신청한 등기의 유효성 ; 공동상속인들의 의사에 따라 신청되고, 현재의 권리관계와 합치되면 유효

47강 물권의 변동(Ⅳ) - 등기의 실질적 유효요건

▶ 등기의 실질적 유효 요건

1 물권행위와의 시간적 불일치

등기가 선행하는 경우 : 유효

물권행위 후 당사자의 사망 또는 능력상실 – 영향(×)

2 물권행위와 내용적 불일치

(1) 권리(權利)의 내용·종류의 불일치(지상권 → 저당권으로 등기) : 무효

(2) 양적 불일치 : 일치 부분 유효 가능

(3) 중간생략등기

　1) 합의의 사법상 유효성(판)

　2) 이미 경료된 중간생략등기

　　🔹판례 합의가 없더라도 적법한 등기원인이면 말소청구(×)
　　🔹판례 건물양수인 명의의 보존등기 : 유효
　　🔹판례 토지거래 허가구역 내에서는 무효

　3) 합의가 없는 경우

　　🔹판례 중간자를 대위하여 등기 청구
　　🔹판례 소유권이전등기의 양도성 ; 양도성 제한

(4) 실제와 다른 등기원인에 의한 등기

현재의 권리관계와 일치하면 유효

(증여 → 매매, 원인무효의 말소 → 소유권이전등기)

(5) 무효등기의 유용

　1) 의의 : 무효로 된 등기 → (유용의 합의 전에 이해관계 있는 제3자가 없는 때) 새로운 권리관계의 공시방법으로 사용

　2) 표제부의 무효(×), 멸실된 건물의 보존등기 → 신축건물의 보존등기(×)

　3) 저당권 등기의 유용 : 이해관계 있는 제3자가 없는 경우

▶ 등기를 갖추지 않은 매수인의 지위

1 법률상 소유권 취득(×)
(1) 형식주의 원칙상 소유권취득(×)
(2) 매도인의 채권자 강제집행에 이의(×)
(3) 매도인의 파산 시 별제권(×), 환취권(×)

2 점유자로서의 권리
(1) 매매계약으로 이행받은 목적물에 점유·사용할 권리(○)
(2) 점유보호청구권(○)
(3) 점유하고 있는 한 소멸시효에 걸리지 않는다.

3 매도인의 반환청구권에 대하여 거절할 수 있다(제213조 단서).

4 과실수취권(제587조 본문) : 대금 미지급인 때에는 이자지급 의무

▶ 법률행위에 의하지 않은 물권변동(제187조)

법률행위가 아닌 사유로 물권변동이면 등기 불요, 그러나 처분 시에는 등기 필요
(1) **상속**·피상속인의 사망 시
(2) **공용징수** : 수용기일
(3) **판결**(형성판결) : 공유물분할 판결. 단, 소송 또는 조정절차에서 합의 성립 등기 요 (판)
(4) **경매** : 민사집행법, 국세징수법에 의한 경매·공매. 경락대금납부일

48강
물권의 변동(Ⅴ)
- 법률행위에 의하지 않은 물권변동

▶ 기타 법률의 규정(부동산)

(1) 혼동에 의한 물권 소멸(제191조)
(2) 부합
(3) 매장물 발견(제254조, 제256조)
(4) 법정지상권(제366조)
(5) 피담보채권 소멸, 담보권 소멸(제369조)
(6) 법정저당권의 취득(제649조)
(7) 해산법인의 잔여재산(제80조)
(8) 회사합병(상법)
(9) 분배농지의 상환완료에 의한 소유권취득(판)
(10) 환지처분

▶ 성질상 등기 불요

(1) 등기능력 없는 물권(점유권, 유치권, 분묘기지권 등)
(2) 법률행위의 무효, 취소, 해제로 인한 물권의 복귀(판례 유인설)
(3) 건물의 신축, 멸실
(4) 관습법상의 법정지상권의 취득
(5) 공유수면 매립, 신축건물의 소유권 취득
(6) 포락 등 부동산 멸실
(7) 소멸시효완성에 의한 물권의 소멸

49강 물권의 변동(Ⅵ) - 등기청구권

▶ 등기청구권

1 등기청구권의 의의

(1) **의의** : 공동신청주의에 따라서 등기권리자나 등기의무자 1방이 타방에 등기에 협력하여 줄 것으로 청구하는 실체법상의 권리(私權)

(2) **등기청구권의 발생**

  1) 공동신청주의의 결과로 발생, 등기인수청구권 인정
  2) 단독신청(보존등기 등), 경매에 의한 촉탁에서는 (×)

(3) 등기신청권과의 구별(公權)

등기기관에 신정하는 공권. 단독신청의 경우 등기신청권의 문제만 남는다.

(보존등기, 멸실회복등기, 상속, 경매(촉탁), 공용징수, 직권)

2 발생원인과 성질

(1) 법률행위로 인한 물권 변동 : 채권적
(2) 실체관계와의 불일치 : 물권적
  1) 위조서류에 의한 이전등기, 무효인 매매에 의한 이전등기
  2) 명의신탁의 해지
(3) 취득시효로 인한 물권의 취득 : 채권적

★ 소유권이전 청구권의 양도(판)
  1) 매매로 인한 이전청구권의 양도 : 채무자의 동의·승낙을 요한다.
     (일반채권의 양도에는 채무자에 통지만으로 족하다.)
  2) 취득시효 완성으로 인한 이전청구권 : 채권양도제한의 법리가 적용되지 않는다.

(4) 부동산임차권(제621조), 환매권(당사자의 합의) ; 채권적 청구권

3 소멸시효

(1) 소멸시효에 걸리는 등기청구권(채권적 청구권) : 10년
(2) 소멸시효에 걸리지 않는 등기청구권
  1) 소유권에 기한 것(×)
     ① 채권변제 후 양도담보 설정자의 말소등기청구권
     ② 합의해제에 따른 매도인의 원상회복청구권
  2) 인도받아 점유하고 있는 매수인(×)

     [판례] 점유 사용·수익하다가 제3자에게 처분한 경우 동일

     〈cf〉 시효취득자의 처분과 구별
  3) 소유권 이외의 물권 : 물권 자체의 소멸시효

4 등기청구권의 행사

(1) 행사방법

상대방에 대한 의사표시, 불이행이면 소구(訴求)

(2) 청구권자 ; 등기권리자, 인수청구권자

> 판례 중간생략등기의 최종양수인(합의가 없으면 대위청구)

50강
물권의 변동(Ⅶ)
- 등기의 효력 등

▶ 진정명의 회복을 원인으로 한 소유권이전등기

1 의의(판례)

(1) 실체관계와 부합하지 않는 무효등기 → 말소 등기
(2) 자기 명의로 등기되어 있었거나 법률에 의한 소유권 취득자
→ 이전등기

2 법적 성격

(1) **물권적 청구권** : 말소청구권과 동일
(2) **동일청구권** : 기판력 범위

> 판례 소유권이전등기말소청구권에 패소 → 진정명의회복을 원인으로 한 소유권이전청구권에도 미친다.

3 인정사례

(1) 무효등기를 제3자에게 대항할 수 없는 경우

(허위표시에 의하여 甲 → 乙 → 선의의 丙에게로 저당권이 설정된 경우에 甲이 乙에게 말소등기를 구하는 경우)

(2) 무효등기에 기해 순차로 등기가 경료되어 있는 경우

(甲 → 乙 → 丙 → 丁 → 戊로 이전되었는데 甲 → 乙이 불공정행위 무효인데, 乙 → 丙 → 丁 중 행방불명인 사람에 있는 경우)

(3) 사해행위 취소에 따른 원상회복

(甲의 채무자 乙이 유일의 재산을 丙에게 양도하고 선의의 丁에게 저당권을 설정한 경우)

4 요 건
(1) 물권의 취득자일 것
(2) 타인명의의 등기가 경료되어 있을 것
(3) 상대방은 현재의 명의자(피고적격)

5 효 과
등기와 실체관계 일치

▶ 등기의 효력
1 등기의 효력 일반
(1) **권리변동적 효력** ; 등기관의 등기 완료면, 접수 시에 효력 발생
(2) **순위확정력**
  1) 동구 : 순위번호
  2) 별구 : 접수번호
(3) **추정적 효력**
  1) **의의** : 등기 기재가 있으면 권리관계의 존재 추정. 법률상 추정력(판)
  2) **물적 범위** : 등기절차, 등기사항, 등기원인의 적법 추정. 부동산에는 제200조 추정(×)
  3) **인적 범위**
    - 등기명의인뿐만 아니라 제3자도 원용. 명의인의 불이익을 위해서도 추정
    - 권리변동의 당사자 간에도 추정(판)
  4) **추정의 효과** : 입증책임(반대사실 주장자)
    ▣ 판례 등기기록을 신뢰하면 무과실 추정

♣ 등기의 추정력이 깨지는 경우
(1) 소유권 이전등기
① 전 소유자의 사망 후에 이루어진 경우
② 전 소유자가 허무인인 경우
③ 전 소유자 아닌 자의 행위로 등기된 경우
④ 등기의 기재 자체에 의하여 부실이 증명된 경우
⑤ 말소등기가 부적법한 것이 판명된 경우
(2) 소유권 보존등기
① 전 소유자로부터 매수하였다고 주장하는 전 소유자가 양도사실 부인
② 명의자 이외의 자가 査定받은 사실 인정
③ 보존등기 이외의 자가 건물 신축 사실이 인정

(4) 대항력 : 임차권, 환매권의 등기

(5) 공신력의 부인
  1) 부실등기를 신뢰하고 거래한 자 보호(×)
  2) 의사표시의 제3조 보호 규정에 따라 공신력과 무관하게 보호

(6) 점유적 효력의 인정 여부
  1) 등기와 점유는 각각의 요건
  2) 특별한 사정이 없는 한 등기사실을 인정하면, 점유사실을 부인해서는 안 된다(임야 대지의 소유권 이전등기, 소유권 보존등기 ×).

2 가등기의 효력

(1) 본등기 전 : 실체법상의 효력 (×)
(2) 본등기 후 : 본등기의 순위보전

▶ 동산물권의 변동

1 권리자로부터의 취득

(1) 의의 : 물권행위와 인도

(2) 권리변동 요건 = 인도

　1) 현실의 인도 : 물건에 대한 사실상의 이전. 사실행위

　2) 간이인도 : 양수인의 이미 물건 점유. 의사표시(물권적 합의)

　3) 점유개정 : 양도인이 양도 후 계속 점유. 의사표시

　4) 반환청구권의 양도 : 제3자 점유물의 점유한 상태로 이전. 의사표시

(3) 제188조의 적용범위 : 법률행위에 의한 이전, 소유권의 양도

2 선의취득(무권리자로부터의 취득)

(1) 서설

　1) 양수인이 평온·공연하게 양수. 양도인의 무권리에 선의·무과실이면 즉시 권리 취득

　2) 취지 : 거래의 안전. 권리자 보호(×)

(2) 요건

　1) 객체에 관한 요건

　　① 동산 : 부동산(×), 주택입주권(×), 회원권(×), 정기예금채권(×)

　　　㉠ 등기·등록으로 공시되는 것(×)(자동차, 항공기, 선박 등)

　　　㉡ 지시채권, 무기명채권, 다른 규정. 어음·수표는 특별법

　　　㉢ 금전 : 금액을 의미. 기념품, 수집용 골동품(○)

　　② 양도인에 관한 요건

　　　㉠ 점유자 : 직접·간접점유, 자주·타주점유 불문

　　　　[판례] 압류 동산(○)

　　　㉡ 무권리자일 것 : 무권대리인(×)

51강

물권의 변동(Ⅷ)
- 동산물권의 변동

③ 양수인에 대한 요건
  ㉠ 평온, 공연, 선의, 무과실(입증 : 취득자)의 점유취득
  ㉡ 거래행위로 취득, 거래행위(매매, 증여, 경매) 유효
      상속(×) 사실행위(산림벌채 등)
  ㉢ 인도
      – 현실의 인도, 간이인도, 반환청구권의 양도
      – 점유개정(×)

(3) 효과
  1) 물권의 취득 : 소유권, 질권
  2) 원시취득 : 전주의 권리 제한 소멸
  3) 선의취득자는 유상·무상 불문하고 부당이득반환(×)

(4) 도품, 유실물에 관한 특칙
  1) 2년 내 반환청구, 정적 안전
  2) 원칙 무상, 예외(경매, 공개시장 등에서 취득) 유상(○)

52강 물권의 변동(Ⅸ) – 명인방법

▶ **명인방법에 의한 물권변동**

1 의 의
지상물의 소유자명시

2 요 건
(1) 특정성
(2) 소유권 귀속의 대외적 표시 : 집행관의 공시문을 붙인 팻말(판)
(3) 계속성

3 명인방법으로 공시할 수 있는 물건
수목의 집단과 미분리의 과실. 입도, 상엽, 인삼, 농작물 등

4 명인방법으로 공시할 수 있는 물권변동
소유권의 이전 유보, 양도담보(○) 저당권(×)

5 명인방법의 우선관계
(1) 수개의 명인방법 ; 먼저 성립한 것이 우선
(2) 명인방법과 등기 ; 먼저 것이 우선

▶ 물권의 소멸
1 물권의 소멸원인
(1) **목적물의 멸실** : 사건

> 판례 포락으로 소멸된 토지, 후에 성토화되더라도 종전의 소유권 부활(X)

(2) **소멸시효** : 사건. 지상권, 지역권, 전세권
(3) **물권의 포기** : 의사표시
(4) **공용징수**
(5) **혼동** : 사건. 절대적 소멸

▶ 소유권과 제한물권의 혼동
1 원 칙
동일물 위해 소유권과 제한물권이 동일인에게 귀속하면 원칙적으로 제한물권 소멸

(1) 저당권자의 부동산 소유권 취득
(2) 지상권자의 소유자 상속

2 예 외 : 권리보호의 가치가 있는 경우 : 소멸(×)
(1) 그 '물건'이 제3자의 권리목적인 때(본인 보호 목적)
   1) 소멸하지 않는 경우
      甲이 X토지 위에 1번 저당권 취득 후 丙이 2번(후순위) 저당권 취득
      → 甲이 X토지의 소유권 취득 – 甲의 저당권 소멸(×)
         단, 소유권 취득원인이 상속인 경우에는 저당권 소멸

53강
물권의 변동(X)
– 물권의 혼동(Ⅰ)

> 📋 주택의 임차인이 대항력을 갖춘 후 저당권이 설정된 경우에는 임차인이 주택의 소유권을 취득하더라도 임차권 소멸(×)

> 📋 甲이 가등기에 기한 본등기에 의하지 아니하고 별도의 소유권 이전등기(예 상속)를 하였다고 하여, 혼동의 법리에 의하여 가등기에 기한 본등기 청구권이 소멸되는 것은 아니다.

2) 소멸하는 경우(권리보호의 가치가 없는 경우)
① 후순위 저당권자가 소유권을 취득한 때
② 대항력 없는 권리(임차권)자가 소유권을 취득한 때(판)

(2) 그 '권리'가 제3자의 권리목적인 때(제3자 보호 목적)
지상권자 甲이 목적토지의 소유권을 취득하더라도 지상권이 저당권의 목적인 때 지상권은 소멸하지 않는다.

54강 물권의 변동(XI) - 물권의 혼동(Ⅱ)

▶ 제한물권과 그 제한물권을 목적으로 하는 다른 권리의 혼동

1 원 칙 : 다른 권리의 소멸

지상권에 대하여 저당권을 가진 자가 그 지상권을 취득한 때
→ 저당권 소멸

2 예 외

(1) 혼동한 권리가 제3자의 권리목적인 때

甲의 지상권에 乙의 저당권, 乙의 저당권에 丙의 질권이 있는 경우 乙이 지상권 취득 → 乙의 저당권 소멸(×)

(2) 제한물권이 제3자의 권리목적인 때

(甲의 토지 위에) 乙의 지상권에 丙이 1번 저당권, 丁이 2번 저당권을 가진 경우에 丙이 그 지상권을 취득하더라도 丙의 저당권 소멸(×)

3 성질상 소멸하지 않는 권리
점유권, 광업권

4 혼동에 의한 소멸의 효과
(1) 절대적 소멸

혼동으로 소멸한 권리는 부활하지 않는다.

(2) 예외

🔖 판례 소유권취득원인이 무효로 밝혀진 경우

점유권

55강
점유권(Ⅰ) - 총설

▶ **점유권**

1 점유제도와 점유권

(1) 점유제도
(2) 점유권과 점유
  1) 점유권 : 점유로부터 생기는 물권
  2) 점유의 의의 : 물권에 대한 사실상의 지배
  3) 점유의 성립 : 사실상의 지배
    ① 물건에 대한 물리적 지배가능성 : 주차장의 자동차, 여행 중 집에 둔 물건 등

    > 판례 타인 토지 위의 건물소유자는 그 토지 점유
    > 판례 토지의 공유자는 지상의 건물 공유
    > 판례 임야의 경우는 점유의 이전이나 계속은 반드시 물리적·현실적 지배 (×)

    ② 어느 정도 시간적 계속성 : 잠시 빌린 물권 등
    ③ 본권과는 무관 : 도인(盜人 ; 훔친 사람) 등
    ④ 점유권과 점유할 권리
    ⑤ 점유의 성립에 점유 의사 불요
      점유설정 의사는 필요. 자연적 의사. 의사무능력자나 제한능력자도 점유 가능

2 점유의 관념화

(1) 실력행사는 있으나 점유가 인정되지 않는 경우(점유보조자)
  1) 의의 ; 가사상·영업상 기타 타인의 지시를 받아 물권을 사실상 지배

- 판례 처가 시부모, 夫와 토지 무단 점유 : 명도 요구하는 소유자에 점유자
- 판례 법인의 대표 기관의 직무상의 점유 ☞ 점유보조 (×)

  2) 효과 ;
  - 점유자 (×), 점유보호청구권 (×)
  - 그러나 자력구제권 (○)

(2) 실력행사는 없으나 점유가 인정되는 경우

  1) 간접점유
   ① 의의 ; 점유매개관계에 의한 점유
   ② 성립 ; 점유매개관계의 존재, 이 관계는 중첩적일 수도 있고, 반드시 유효해야 하는 것도 아니다.
   ③ 효력
   - 직접점유자와 간접점유자의 대내적 관계
     ⓐ 직접점유자 → 간접점유자 : 점유보호청구
     ⓑ 간접점유자 → 직접점유자 : 점유보호청구 (×)
   - 간접점유자의 점유보호청구권 (○)
     - 판례 직접 점유자의 임의 양도 : 간접점유자의 점유 침탈
   - 간접점유자의 자력구제권 (×)

  2) 상속에 의한 점유승계
   ① 당연승계 : 사실상의 지배 불요, 상속의 개시를 알고 있을 필요(×)
   ② 피상속인의 점유를 떠나 자기만의 자주점유 주장 불가

▶ 점유의 태양

1 소유의 의사의 유무에 따라

(1) 자주점유 : 소유의 의사로 지배
  1) 소유의 의사 : 소유자가 할 수 있는 것과 같은 배타적 지배. 매수인의 점유
   - 판례 시효취득에서의 자주점유 : 소유자와 동일한 사실상의 지배를 하려는 의사. 소유권이 있다는 믿음 불요

56강
점유권(Ⅱ)
- 점유의 태양

(2) 타주점유

타주점유자 : 지상권자, 전세권자, 임차인

- 🟢판례 타인의 토지 위에 분묘를 설치·소유하는 자
- 🟢판례 공유지 점유자의 점유 : 다른 공유자의 지분비율 타주

(3) 양자의 구별 기준

1) 점유취득의 원인이 된 점유취득의 객관적 권원
① 매수인, 盜人의 점유(자주)

② 지상권자, 전세권자, 질권자, 임차인, 수치인(타주)

2) 자주점유의 추정
자주점유 부인자에 입증책임

★ 자주점유의 추정 유지
- 🟢판례 농지개혁법에 의한 국가의 매수 농지(점유자의 취득시효 점유 (O)
  타인(국가)토지라는 사실을 알았다는 것만으로 매도인(순차매수인)에게 처분권이 없다는 것만으로 자주점유 추정 반복 (×)
- 🟢판례 지방자치단체가 토지취득절차에 관한 서류를 제출하지 못하는 것만으로는 자주 유지 (O)

★ 자주점유의 추정이 번복되는 경우
① 성질상 타주점유로보이는 권원(지상권, 전세권, 임차권 등)으로 점유취득 사실 입증
② 점유 개시 당시 소유권 취득의 원인이 될 수 있는 법률요건없이 그와 같은 법률요건이 없다는 사실을 알면서 타인 소유의 부동산을 무단점유
③ 국가나 지자체가 공공용 재산 취득 절차 없이 공공용지를 도로로 편입

(4) 구별의 실익

취득시효, 무주물선점, 점유자의 배상책임 등

(5) 점유의 전환

1) 타주점유 → 자주점유 : 새로운 권원, 상속(×)
2) 자주점유 → 타주점유 : 소유자가 토지를 매도, 소유권 포기, 강제집행 경락(판)된 때 매수인이 매매계약 해제, 취소 후 점유
   - 🟢판례 시초 인접 토지를 자기 토지로 알고 점유, 경계 측량 결과 경계침범 사실 밝혀진 것만으로 타주 (×)

2 선의점유 / 악의점유

(1) **선의점유** : 본권이 없음에도 있다고 오신하는 점유

제201조의 '선의' : 과실수취권이 있는 본권 오신(판)

(2) **악의점유** : 본권이 없는 것을 알면서 하는 점유

> 판례 제201조에서는 의심을 품으면서 하는 점유 포함

(3) **선의점유 추정**

(4) **구별의 실익** : 점유자의 과실취득권, 선의취득, 점유자의 회복자에 대한 책임

3 과실 있는 점유 / 과실 없는 점유

(1) 본권의 오신에 대한 과실 유무
(2) 무과실 추정(×)
(3) **구별의 실익** : 등기부취득시효, 선의취득

4 하자 없는 점유 : 평온, 공연, 선의, 무과실, 계속

무과실 추정(×)

▶ 점유권의 취득과 소멸

1 점유권의 취득

(1) 직접점유의 취득
 1) 원시취득 : 유실물습득, 무주물선점
 2) 승계취득 : 특정승계(인도), 포괄승계(상속, 회사합병)

(2) 간접점유의 취득
 1) 원시취득 : 직접점유자의 점유매개 관계설정, 점유개정
 2) 승계취득 : 반환청구권의 양수

57강
점유권의 취득과 상실,
점유의 추정력

(3) 점유권취득의 효과

1) 점유의 분리·합병

　– 원시취득의 효과 : 그 때부터 점유권

　– 승계취득의 효과 : 점유의 분리·병합, 병합 주장 시 하자도 승계

　🔖 취득시효기간의 기산점(자기의 점유 또는 전주의 개시일, 임의의 시점 ×)

2) 상속은 분리 주장(×)

2 점유권의 소멸

(1) **직접점유의 소멸** : 사실적 지배상실, 일시적 지장(×)

　단, 제204조에 의한 점유회수

(2) **간접점유의 소멸** : 목적물의 멸실, 직접점유자의 점유상실, 점유매개관계의 단절

▶ 점유의 추정력

1 점유계속성의 추정

🔖 양 시점의 점유자가 다르더라도 승계입증이면 계속 추정

2 적법성의 추정

정당한 권리자로 추정

3 추정의 범위

(1) **물적 범위** : 물권 채권, 등기 등록으로 공시되는 물건(×)

　🔖 부동산(×) 등기로 추정

(2) **미등기토지의 권리추정** : 토지대장(등본) (판)

(3) **인적 범위**

1) 추정의 효과는 제3자도 원용 가능(집행채권자의 채무자의 점유)

2) 당사자 간에는 추정(×)(등기와 비교)

▶ 점유자와 회복자의 관계

1 과실의 수취(제201조)

(1) 선의점유자의 과실수취

  1) 선의의 의미

   > 판례 과실취득권이 있는 본권(양도담보권 등 ×) 오신 : 취득권

  2) 선의 판단시기

   ① 천연과실 : 원물로부터 분리된 시기

   ② 법정과실 : 선의의 존속일수 비율

  3) 악의의 의제 : 본권의 소 패소(訴 제기 시부터 악의), 폭력, 은비 점유도 악의와 동일시

  4) 불법행위와의 관계 : 경합

  5) 부당이득과의 관계 : 사용이익도 포함

  6) 부당이득 반환문제(×)

   > 판례 선의로(도근점 망실) 타인 토지 점유·사용자의 (손해를 입혔다 하더라도) 반환의무(×)

(2) 악의자 등의 과실반환의무

  1) 악의 : 본권 패소, 폭력·은비 포함

  2) 효과

   ① 수취한 과실 반환

   ② 소비·훼손·수취 못한 경우에는 대가보상

  3) 불법행위 책임과의 관계 : 경합(선택적 청구)

  4) 받은 이익에 이자 가산(판)

2 점유물의 멸실 훼손에 관한 책임(제202조)

(1) 선의·자주점유자 : 현존이익 반환

(2) 악의이거나 타주점유자 : 손해 전부 배상

58강
점유자와
회복자의 관계

3 점유자의 비용상환청구권

(1) 요건 : 점유자가 점유물에 비용 지출

　　선·악, 소유의 의사 유무 구별 불요

(2) 필요비

　1) 의의 : 점유물 보존 비용 : 수선비, 公租, 公課金 등

　2) 과실을 취득한 경우 통상의 필요비(×)

　3) 지상권자, 전세권자 : 상환청구(×)

(3) 유익비

　1) 의의 : 개간, 통로개설, 지반공사 등 가액의 증가 현존

　2) 점유물의 구성부분 : 독립물이면 반환 시 회수, 특별규정에 의한 매수청구권

　3) 회복자의 선택에 좇아 지출금액 또는 증가액 청구

　4) 대항력 없는 임차인의 유익비 : 경매로 소유자 교체된 경우, 제203조 적용(×), 임대인에게 제626조 ② 계약상의 비용청구만 가능

　5) 대항력 있는 임차인 : 신소유자에게만 상환 청구

(4) 유치권에 의한 보호, 그러나 유익비에 예외 인정

　- 불법행위에 의한 점유자에게도 비용상환청구권은 있지만 유치권(×)

(5) 행사시기 : 회복자로부터 반환청구를 받거나 반환한 때(판)

59강 점유보호권, 자력구제권

▶ 점유보호청구권

1 의 의

본권의 유무와 관계없이 점유 자체 보호 목적

반환, 방해제거, 방해예방 청구

2 성 질

물권적 청구권, 손해배상청구권과 구별, 경합 가능

3 종 류

(1) 점유물반환청구권(점유의 회수)

  1) 요건 : 점유의 침탈. 침탈자의 고의, 과실 불요

      판례 착오·사기에 의한 건물명도(×)

  2) 당사자

    ① **청구권자** : 침탈당한 점유자(직접·간접 점유자, 본권 없는 점유자 포함)

    ② **상대방** : 점유의 침탈자, 승계인(선의의 특별승계인 ×)

  3) 내용 : 물건의 반환청구 – 간접점유자는 직접점유자가 반환받을 수 없거나 원하지 않는 경우에 직접 자기에게 반환 청구

  4) 제척기간(출소기간) : 침탈당한 날로부터 1년(판)

(2) 점유물방해제거청구권

  1) 요건 : 침탈 이외의 방법으로 방해. 방해자의 고의·과실 불요

  2) 내용 : 방해 제거

  3) 행사기간

    ① 방해가 존속하는 동안 청구

      – 공사로 인한 방해 ; 공사착수 후 1년 경과하거나 공사완성 때(×)

    ② **공사 종료 시** : 1년 내 행사는 방해제거는 불요. 손해배상에만 적용

(3) 손해배상청구

  1) 의의 : 점유의 침탈, 방해가 있는 경우 반환·방해제거와 함께 또는 단독으로 청구할 수 있다.

  2) 요건 : 침탈자의 고의 과실 필요. 위법. 침탈자의 책임능력 제750조의 불법행위의 성질을 갖는다.

  3) 당사자 : 침탈·방해당한 점유자(직접, 간접, 본권 無)

    상대방 : 침탈자(악의의 특정승계인 포함)와 방해자

    – 손해배상의 상대방 : 위 방해자 및 포괄승계인. 특정승계인(×)

  4) 내용 : 금전배상의 원칙, 지연이자 포함

  5) 행사기간 : 침탈 방해당한 날로부터 1년 출소기간(판)

(4) 점유물방해예방청구
  1) 요건 : 점유의 방해를 받을 염려
  2) 내용 : 방해예방 또는 손해배상의 담보
  3) 행사기간 : 염려가 있는 한 언제든지
     공사로 인한 경우에는 공사착수 후 1년 경과하거나 공사완공 후에는 청구 불가

▶ 점유의 소와 본권의 소
(1) 서로 영향을 미치지 아니한다.
(2) 점유의 소는 본권에 관한 이유로 재판하지 못한다.

▶ 점유자의 자력구제권
(1) 점유보조자(○), 간접점유자(×)
(2) 자력방위권
(3) 자력탈환권

소유권

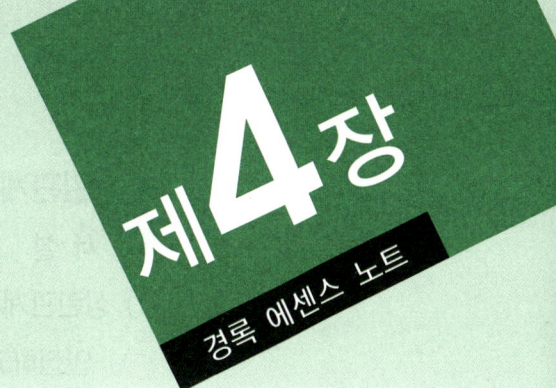

60강
소유권(Ⅰ) - 총설

▶ **소유권 서설**

1 의 의
물건을 전면적·배타적으로 지배할 수 있는 가장 기본적인 물권

2 소유권의 내용
(1) **민법 제211조** : 물건을 사용·수익·처분
(2) **사용, 수익**(과실 수취), **처분**(사실적, 법률적)**의 의미**
(3) **소유권의 특질** : 혼일성, 탄력성, 항구성, 관념성, 전면성

3 토지소유권의 범위
(1) 정당한 이익이 있는 범위 내에서 토지의 상하(제212조)
  1) 광물(광업권의 객체)(×)
  2) 지하수·온천수(○)
(2) 토지소유권의 경계
  [판례] 지적 법령에 따른 공부상의 경계 ; 현실의 경계와 관계 없이

4 건물의 구분소유권
(1) **의의** : 1동의 건물이 구조상·기능상 독립성
  '전유부분'에 성립하는 독립의 소유권
(2) **성립**
  1) 성립요건
    – 구분요건, 독립성
      [판례] 구분의사 : 건축허가, 분양계약에 의해서 객관적으로 표시
        건축물대장, 등기부에 표시되기 전이라도 가능
    – 성립시기 : 구분행위 + 물리적 구조(선후 불문)(○)

제4장 소유권 | 107

▶ 상린관계

1 서 설

(1) 상린관계의 의의 : 임의 규정

  1) 인접하고 있는 부동산 간의 이용조절. 소유권의 내용 그 자체
  2) 적용범위 : 지상권, 전세권에 준용
     임차권(대항력 有 임차권, 임대인의 권리 대위)에 원용
  3) 지역권과의 비교 : 발생원인, 인접지 여부, 소유권의 내용, 소멸시효

2 구분소유자 간의 상린관계

▶ 토지소유자 간의 상린관계

1 인지사용청구권

(1) 경계 근방에서 담·건물 축조 수리
 → 이웃토지 사용청구 – 손해보상 청구

(2) 주거출입에는 승낙 → 거절하면 판결 갈음 ×(통)

2 생활방해의 금지, 인용

(1) 매연·열기체·음향·진동 등으로 이웃 거주자에 생활 고통
(2) 원칙적 금지. 이웃토지의 사용에 적당한 것이면 허용
(3) **입증** : 토지의 사용 방해 사실 – 금지 청구자가 입증
   통상의 용도에 적당하다는 정도 – 상대방이 입증

3 수도 등 시설권

수도, 소수관, 가스관, 전선 등 시설에
→ 손해가 가장 적은 장소, 방법 선택. 손해보상

61강
토지소유자간의
상린관계(Ⅰ)

4 주위토지통행권

(1) **의의** : 토지소유자가 인접토지를 통로로 사용할 수 있는 권리

　명의신탁자(×), 수탁자(○)

(2) **요건**

　공로에 통로가 없거나 과다 비용 → 이웃 토지에 통로 청구

　🔰 기존의 통로가 실제로 제구실을 못할 때 : 인정

(3) **효과**

　1) 통행하거나 통로 개설. 손해가 적은 장소 방법

　　🔰 이용 상태에 따라 자동차 통행 가능
　　🔰 담장과 같은 축조물 철거 청구
　　🔰 통행권자는 통행지 소유자의 손해 보상
　　🔰 장차의 이용상황까지 대비한 통행로 부인(否認)
　　🔰 후일 공로(公路) 개설 등 통행의 필요가 없어지면 통행권 소멸

　2) 통행권자는 통행지소유자의 손해보상

　　🔰 통행권자는 통로개설이나 유지비용 부담

(4) **무상의 주위토지통행** : 분할 토지의 일부 양도

　🔰 일필의 토지의 일부양도는 물론 일단의 소유자가 동일한 수 필지 중 일필의 토지 양도 포함
　🔰 무상의 주위토지통행 특정승계(×)

5 물에 관한 상린관계

(1) **배수에 관한 상린관계**

　1) 자연배수

　　- 자연배수의 승수의무와 권리
　　- 소통공사권 : 흐르는 물이 저지에서 막힌 때 고지소유자는 자기 비용으로
　　- 토지소유자의 저수·배수·인수를 위한 공작물에 대한 공사청구권
　　- 소통 공사, 공작물 공사청구권의 비용부담에 관한 다른 관습 적용

62강
토지소유자간의 상린관계(Ⅱ)

2) 인공적 배수
- 처마물에 대한 시설
- 여수 소통권 : 고지소유자는 남는 물을 공로, 공류, 하수도에 달하기까지 저지에 물통과

(2) **여수급여청구권** : 가용이나 토지 이용에 필요한 물을 얻기 곤란한 때에는 이웃 토지소유자에게 보상하고, 여수 급여 청구

(3) **유수에 관한 상린관계**
1) 수유지가 사유 : 수류변경권, 언의 설치·이용권
2) 수유지가 공유 : 공유하천용수권, 하류연안의 용수권 보호

(4) **지하수 이용권**
공용에 속하는 원천이나 수도를 수요의 정도에 응하여 타인의 용수를 방해하지 않는 범위 내에서 각각 용수할 권리

6 경계에 관한 상린관계

(1) **경계표·담의 설치권**
1) 설치 및 비용부담 : 공동 비용(절반 부담), 다른 관습 적용
    측량비용 ; 면적 비율 부담
2) 담의 특수시설권 : 자기비용
3) 경계표 등의 공유추정

(2) **수지·목근의 제거**

7 토지의 심굴금지 등

(1) **심굴금지** : 지반 붕괴 우려
(2) **경계선부근의 건축제한**
1) 반미터 이상 거리, <u>건물의 가장 돌출된 부분까지의 거리</u>(판)
2) 위반한 자에 대하여 건물의 철거·변경 청구
(3) **차면시설** : 2미터 이내의 거리에서 내부관망 시
(4) **지하시설 등에 대한 제한**
1) 우물, 용수, 하수, 오물 저치 시설 → 경계로부터 2미터 이상 거리
2) 저수지, 구거, 지하실 공사 → 경계로부터 그 깊이의 반 이상의 거리

▶ 취득시효

1 취득시효의 의의 및 존재이유

(1) 의의
 일정 기간 계속되는 외관에 대하여 권리취득의 효과를 부여하는 제도

(2) 시효의 존재이유
 사회생활의 안정, 입증의 곤란 구제

2 시효의 취득되는 권리(재산권)

소유권, 지상권, 전세권, 질권, 준물권(어업권, 광업권), 무체재산권(저작권, 특허권), 계속되고 표현된 지역권

> ★ 시효취득의 대상이 될 수 없는 권리
> 점유를 수반하지 않는 권리(저당권), 형성권(취소권, 환매권, 해제권), 부양청구권, 계속 표현되지 않은 지역권, 점유권, 유치권

3 소멸시효와 취득시효

(1) 소멸시효 : 총칙 규정
 소멸시효의 중단과 정지
(2) 취득시효 : 물권 규정(제245~248조)
  1) 소멸시효 중단규정은 취득시효에 준용(제247조 ②)
  2) 소멸시효 정지규정은 준용규정 (×) 통설은 유추적용 주장

63강
취득시효(Ⅰ)

64강 취득시효(Ⅱ)

▶ 부동산소유권의 취득시효

1 종류

점유취득시효와 등기부취득시효

2 점유취득시효

(1) 시효취득의 대상(객체)

1) 토지의 일부 : 다른 부분과 구별되는 객관적 징표(담, 언덕) (판)
2) 공유지분 : 객관적인 증표 불요
3) 자기(성명 불상자)의 물건 (판)
4) 국·공유의 부동산(행정재산 ×)
5) 집합건물의 공용부분 (×) (판)

(2) 소유의 의사 : 점유권의 성질에 따라 객관적으로 판단

★ 자주점유로 본 판례
  1) 매수인의 토지점유 : 매도인에게 처분권한이 없다는 것을 알면서 매수하였다는 등 특별한 사정이 없는 한 점유 취득한 타인 토지 매수인
  2) 공유자들이 토지의 전체면적 중 구분소유(상호명의 신탁)한다고 믿고서 각 점유부분의 대략적인 면적 만큼의 소유권이전등기를 경료받은 경우
  3) 등기를 수반하지 않은 점유임이 밝혀졌다는 사실만으로 점유권원의 성질상 소유의 의사 결여 (×)

★ 타주점유로 본 판례
  1) 처분권한이 없는 자(미상환 분배농지)로부터 그 사실을 알면서 부동산을 취득하거나, 법률행위가 무효임을 알면서 점유하게 된 경우
  2) 공유지분자의 점유(타자지분 점유 → 타주)

★ 자주점유의 추정이 깨어지는지 여부
  1) 시효기간 진행 중 점유자가 부동산의 전소유자 상대의 등기말소소송에서 패소한 경우(자주 추정 그대로)
  2) 점유자가 매매 또는 증여 등 권원을 주장하였으나 그것이 인정되지 않은 경우 – 권원의 성질상 타주 (×)

(3) 평온, 공연 점유 : 추정 무과실(×)
(4) 20년 간의 점유계속
  1) 기산점
    ① 등기명의인이 동일하고, 그에게 시효주장 이해관계 있는 제3자가 없는 경우 : 임의의 시점 선택 가능 (판)
    ② 시효기간 만료 후 제3자가 권리 취득한 경우 : 임의 선택할 수 없고, 점유개시 시를 기산점을 삼아야 함 (판)
  2) 점유기간의 계산
    🟢판례 점유의 승계 : 점유자의 승계인은 직전점유자. 모든 전 점유자의 점유 합병주장 가능 – 점유기간 중의 임의의 점 선택(×)
    🟢판례 시효완성 후의 명의자 변경 : 그 소유자 변경 시를 기산점으로 하여 2차 시효완성 주장 가능
    🟢판례 사해행위 수익자의 점유 = 취득시효의 기초(×)
    특별한 사정이 없는 한 사실관계로 높일 필요(×)

65강
취득시효(Ⅲ)

(5) 이전등기
  1) 이전등기와 소유권 취득
    🟢판례 등기청구권 = 채권적, 점유계속이면 시효소멸(×)
    • 상대방 = 시효완성 당시의 진정한 소유자
    • 시효 진행 중 등기명의 이전 : 그 자체로는 시효진행 중단(×)
  2) 소급효
    ① 점유 개시 시로 소급 : 시효기간 중의 과실취득(부당이득 ×)
    ② 원시취득 : 전주의 권리에 존재하던 제한 소멸
      점유에 존재하던 권리(지역권)는 잔존
    ③ 소급효의 제한
      – 전주의 사용·수익 : 부당이득(×)
      – 시효기간 중 원소유자가 저당권 설정 등 법률행위 = 유효
        🟢판례 시효취득자가 원소유자에 의해서 설정된 저당권의 피담보채무를 변제하는 것은 소유권 확보를 위한 것.
        원소유자에게 구상권 청구(×) 부당이득 반환청구(×)

66강 취득시효(Ⅳ)

▶ 시효완성 후 등기 전의 법률관계

1 원소유자와의 관계(판례)
(1) 시효기간의 경과만으로 소유권 주장(×)
(2) 시효완성자에 대지 인도(×), 부당이득 반환 청구(×)
(3) 시효완성사실을 알고 매도한 경우 : 불법행위 손배(○), 채무불이행 손배(×)
(4) 이행불능(토지수용) : 불능 전에 소유자에 대하여 권리행사또는 취득시효 주장한 경우에 한하여 대상청구 가능
(5) 소유권이전등기가 불능이 되더라도 소유자가 권리를 회복하면 이전 청구 가능

2 점유취득시효 완성 후 등기 전 새로운 권리 취득자(제3자)와의 관계
(1) 시효완성 후 등기 전 제3자에 대하여는 시효완성 효과 주장(×)
(2) 소유권 이전등기, 지상권, 전세권, 저당권 등 취득자에 취득시효 주장(×). 다만, 제3자가 매도인의 배임행위에 적극 가담 = 2중 매매의 법리
(3) 명의신탁한 경우 : 등기의무자 대위하여 신탁 해지, 이전등기 청구(판)

🔰 시효완성 후 소유권 이전등기 전 가등기 취득자 :
소유권 이전등기가 불가능은 아니나, 가등기의 부담

🔰 시효완성 당시 소유권등기가 무효인 경우 :
원소유자 대위하여 무효등기 말소, 이전등기 청구

3 점유자의 목적물 양도(점유 이전)
(1) 등기청구권의 소멸시효진행
(2) 양수인은 소유자를 상대로 직접 등기청구권을 행사할 수 없으며 전 점유자의 등기청구권 대위행사. 그러나 점유의 이전에도 불구하고 점유기간 중 소유명의의 이전이 없다면 현재의 점유로부터 역산하여 20년을 근거로 등기청구권 행사 가능

★ 甲에게서 등기청구권이 乙거쳐서 丙에게로 양도되어 丙이 점유하는 경우

	甲·乙 간의 매매	乙이 甲의 토지를 시효취득
소멸시효	진행 X	진행 O
양도의 대항요건	甲(채무자의)승낙 요건	甲(채무자의)승낙 불요

67강 취득시효(V)

▶ 등기부취득시효

1 대 상
점유취득시효와 동일, 단 일부 토지(×)

2 등 기
등기부상 소유자로 등기, 무효등기라도 무관

판례 무효인 2중(중복)의 보존등기(×) (판)

3 선의·무과실
(1) 전 기간일 필요는 없고, 점유취득 당시면 족함
(2) 선의는 추정, 무과실의 입증은 취득자

4 10년 간의 점유

5 등기의 승계
등기된 기간과 점유기간이 때를 같이하여 10년일 필요는 없고, 전 점유자의 등기 승계

6 소유권의 취득
(1) 등기와 10년 간의 점유기간이 경과되면, 소유권 취득(등기 불요)
(2) 원시취득이며, 소급효 인정
(3) 등기부 취득시효 완성 후에는 점유자 명의의 등기가 말소되더라도 소유권 상실(×)

68강 취득시효(Ⅵ)

▶ 동산소유권의 취득시효
(1) **점유취득시효** : 10년 간 자주·평온·공연 점유
(2) **단기취득시효** : 5년 간 자주점유, 선의·무과실의 점유개시

▶ 소유권 이외의 물권의 취득시효
(1) 지상권, 전세권, 지역권 등의 취득시효에 준용
(2) 무체재산권의 취득시효에는 준점유가 요건

▶ 시효이익의 포기

1 의 의
시효 완성의 이익을 받지 않겠다는 의사표시

2 요 건
(1) 시효완성 후(제184조 ① 유추)
(2) 포기의 의사표시(묵시적 ○)
(3) 시효완성 사실을 알면서 해야 한다.

3 시효이익의 포기로 볼 수 없는 경우
시효완성 후 점유상실이나 매수협의(임대 제의)를 한 것은 통상 분쟁해결을 위해 취하는 행동

★ 시효이익의 포기로 본 판례
  1) 시효완성 후 교환약정한 경우
  2) 국유재산 점유자의 대부계약 체결(×), 밀린 변상금 납부(○)
  3) 시효완성 후 시효완성 사실을 모르고 어떠한 권리도 주장하지 않기로 한 경우 = 시효주장은 신의칙 위반
  4) 소유권이전청구의 소송에서 피고의 소유인정, 소취하

★ 시효이익의 포기가 아니라고 본 판례
  1) 선대에 시효완성 후 상속인들이 국유재산 대부 신청하여 대부계약을 체결하였으나 변상금을 납부하지 않은 상태에서 점유취득에 의한 소유권이전 청구 소송한 사안
  2) 점유자의 시효완성 후 소유자의 권리 주장 소에서 승소판결 받은 것만으로 시효중단의 효력발생하는 것 아니고, 점유자가 소송에서 취득시효를 주장하지 않았다고 하여 시효의 이익을 포기하는 것도 아니다.
  3) 시효완성 후 점유자가 소유자에 부동산 매수 제의 : 이익 포기(×)
     타주점유 전환(×)

▶ 사실행위(선점·습득·발견)

69강 선점·습득·발견

1 무주물 선점
(1) 요건
  1) 무주물(사양동물 야생화), 동산(무주의 부동산 국유)
  2) 소유의 의사로 점유, 문화재 제외
(2) 효과 : 선점자의 소유권 취득, 문화재 국유

2 유실물 습득
(1) 요건
  1) 유실물(도품 아닌 것) 문화재 제외
  2) 습득 : 점유취득(소유의 의사 불요)
  3) 공고 후 6개월 내에 권리자의 주장 없을 것
(2) 효과 : 습득자의 소유권 취득

3 매장물 발견
(1) 요건
  1) 매장물(반드시 동산 ×) 문화재 제외
  2) 발견(점유취득 불요)
  3) 공고 후 1년 내에 권리주장 없을 것
(2) 효과 : 발견자의 권리 취득
    문화재 국유 → 습득자, 발견자, 토지소유자 등의 국가보상청구

70강 첨부(부합·혼화·가공)

▶ **첨부**(부합·혼화·가공)

1 부 합(사건)

(1) 의의 : 소유자를 달리하는 수 개의 물건이 결합 일물(一物)

〈cf〉 집합물(공장 내의 원료 전부), 단일물(임야 내 자연석으로 제작한 석불)

(2) 부동산에의 부합

1) 요건

① 부합 : 동산이 부동산에 부합·합체되어 1物로 되는 것(합성물)
판례는 부동산에 부동산이 부합하는 부동산도 가하다 함

> 판례 건물이 다른 건물(공장)에 사용편의뿐, 독립적 가치와 기능이 없으면 임의 경매절차에서의 평가목록에 없더라도 주건물 경매 : 주건물과 동시 이전

② 부합의 정도 : 분리하면 독립성 상실 또는 경제적 가치상실(물리적 구조, 권리관계)

> 판례 주유소 지하에 매설된 유류저장 탱크 : 분리 복구하면 경제적 가치 현저히 감소. 토지에의 부합(제256조 본문) → 저당권의 효력 미침

> 판례 토지임차인이 주유소영업을 위하여 지하에 유류저장조를 매설한 경우 : 임차인의 소유(제256조 단서), 임차권에 의해 부속, 토양환경보전법상의 피해배상책임

2) 효과

① 원칙 : 부동산소유자 소유권. 부당이득 또는 비용상환
② 예외 : 타인의 권원에 의하여 부합된 것은 부속시킨 자의 소유

> 판례 임차인이 증축한 부분이 구조상·이용상 독립성 : 구분소유권 성립

> 판례 토지소유자의 승낙 없이 임차인의 승낙만 얻은 경우(임차권의 목적이 식목 × 경우) ; 토지소유자에 대하여 소유권 주장 (×)

(3) 동산 간의 부합(합성물의 소유권 귀속)

1) 주종의 구별 가능 : 주된 동산 소유자
2) 주종의 구별이 불가능한 경우 : 동산의 소유자가 부합 당시의 가액의 비율로 공유

2 혼 화(사건)

(1) **의의** : 소유자가 다른 수 개의 동산이 섞여서 원물 구별 불가(곡물, 금전, 술, 기름)

(2) **효과** : 동산 간의 부합규정 준용

3 가 공(사실행위)

(1) **의의** : 타인의 동산에 노력을 가하여 새로운 물건을 만들어 내는 것
(2) **효과** : 가공물의 소유
  1) 원칙 : 원재료 소유자
  2) 예외 : 가공으로 가액의 증가가 현저한 때는 가공자 소유

4 첨부의 효과

(1) **소유권의 귀속 변경**(원상회복 불가)
(2) **동산의 소유권 소멸** ; 부합하는 물건을 목적으로 하는 권리도 소멸
  1) 동산의 소유자가 합성물, 혼화물, 가공물 단독 소유 : 그 목적물에 대한 권리는 합성물, 혼화물, 가공물 위에 존재
  2) 동산의 소유자가 합성물, 혼화물, 가공물의 공유자가 된 때 : 그 지분 위에 존속
(3) **첨부에 의하여 손해 받은 자** : 부당이득반환규정상의 구상

> 판례 매도인에게 소유권이 유보된 자재가 제3자와 매수인 간 도급계약의 이행으로 제3자 소유 건물 건축에 부합된 경우 : 매도인의 부당이득반환 (×)

71강 물권적 청구권

▶ 소유권에 기한 물권적 청구권

1 총 설

(1) 의의

소유권은 완전한 지배권으로서 물권적 청구권 발생. 당연히 청구권 발생(×)

(2) 민법 규정 : 소유물 반환청구권(제213조)

소유물 방해제거·예방청구권(제214조) 다른 물권에 준용

2 종 류

(1) 소유물반환청구권

1) 의의 : 소유자는 그 소유물 점유자에 대하여 반환청구

2) 요건

① **청구권자** : 점유를 상실한 소유자

- 판례) 미등기매수인(×), 명의신탁자(×), 명의수탁자(○)
- 판례) 물권적 청구권이 이행불능인 경우 : 손해배상 발생(×)
- 판례) 공유자 : 공유물 전부(○), 합유자 : 합유물 전부(○)
- 판례) 토지소유자 : 자기건물을 (불법)소유한 점유자에 대하여
  - 건물철거와 인도 청구(○)
  - 건물에서 퇴거 청구(×)

② **상대방** : 현재의 점유자, 직접·간접점유자(○), 점유보조자(×)

- 판례) 토지소유자가 토지사용권을 갖추지 못한 건물의 소유자가 아닌 점유자에 대하여 퇴거청구 가능. 전세권자·대항력 있는 임차인도 동일

③ **고의·과실 불요**

④ **상대방에게 점유할 권리가 없을 것** : 지상권, 전세권, 임차권, 유치권 등이 없을 것

- 판례) 법정지상권을 가진 건물을 양수하였으나 지상권 이전등기(×) ; 토지소유자가 건물철거 및 대지 인도 청구 신의성실의 원칙상 불가

3) 효과 : 소유물 반환(점유이전)

소유자가 간접점유자인 경우에도 소유자 자신에게 반환청구

(2) 소유물방해제거청구권

1) 의의 : 소유권의 내용 실현 방해   예 대지에 물건 무단 적치

2) 요건

   ① 점유침해 이외의 방법으로 방해, 이미 발생한 결과의 제거(×)

   🏛 건축물 대지로 잘못 기재된 지번의 토지소유자가 지번의 정정 신청을 거부하는 건축물 소유자를 상대로 건축물대장 지번정정신청절차의 이행 청구

   🏛 쓰레기 매립으로 조성한 토지에 소유자가 매립에 동의하지 않은 쓰레기가 매립된 경우(×) 손해배상은 별론(×)

   ② 고의·과실(×)

   ③ 청구의 상대방 : 현재의 방해상태 지배자(방해물 양도)

3) 효과 : 방해제거청구

(3) 소유물방해예방청구권

1) 의의 : 장차 소유권의 방해 염려   예 이웃집 벽에 균열 발생, 붕괴 위험

2) 요건

   ① 주체 : 방해받을 염려 있는 소유자

   ② 상대방 : 염려 사실을 지배 내에 가진 자

   ② 방해할 염려 : 객관적 사정

3) 효과 : 방해 방지 조치나 손해배상의 담보

★ 공유·합유·총유의 비교

구 분	공 유	합 유	총 유
인적 결합의 형태	인적 결합 弱, 수인의 공동매입 물건	조합체, 수인의 동업자 재산	권리능력 없는 사단 종중, 동창회
지분 처분	자유	제한	지분 없음
분할 청구	자유	금지	불가
처분 변경	전원 동의	전원 동의	총회 결의
부동산 등기	공유	합유	총유

72강
공동소유(Ⅰ)

73강 공동소유(Ⅱ)

▶ 공유

1 의의·특색
(1) **의의** : 1개의 소유권이 분량적으로 여러 사람에게 소유
  1물1권주의와의 조화
(2) **개인주의적 소유 형태** : 공동소유관계 해소

2 공유관계의 성립
(1) **법률행위** : 부동산인 경우에는 공유등기. 하나의 물건을 수인이 양수하는 경우
(2) **법률의 규정**
  1) 구분소유건물에서의 공용부분
  2) 인지의 경계에 설치된 경계표, 담, 구거
  3) 수인공동의 무주물 선점, 유실물 습득, 매장물 발견 등
  4) 주종을 구별할 수 없는 동산의 부합·혼화
  5) 구속불명의 부부재산

3 지분 및 내부관계
(1) **지분의 비율**
  당사자의 약정, 법률규정 아니면 균등 추정
(2) **지분의 내용**
  1) 공유물의 사용·수익(제263조) : 공유물 전부를 지분비율
  2) 공유물의 처분·변경(제264조) : 전원 동의
    1인에 의한 공유물에 매도 또는 저당권 설정 : 채권행위로 유효, 이전(설정)등기에는 전원 동의를 요한다.
    > 판례 토지공유자 한 사람이 다른 공유자 지분 과반수의 동의를 얻어 건물을 건축한 후 토지와 건물의 소유자가 달라진 경우, 관습법상의 법정지상권 불성립. 이러한 법리는 민법 제366조의 법정지상권의 경우도 동일

3) 공유물의 관리·보존
  ① 관리행위 : 공유자의 지분 과반수로 결정
    - 의의 : 처분·변경에 이르지 않는 범위 내에서 공유물의 이용 또는 개량 행위
    - 상가임대차의 갱신거절 통지
    - 과반 지분자는 전부 또는 특정 부분을 배타적으로 사용·수익할 수 있다 = 적법
      소수지분권자는 과반지분권자에 반환청구 불가, 부당이득 반환청구 가능 (판)
    - 공유지상에 건물신축 ; 관리행위 초과
      > 판례 건물신축(처분행위에 해당), 소수 지분자라도 과반수 지분자의 행위중지청구 가능
  ② 보존행위
    - 목적물의 멸실·훼손을 방지하고 그 현상을 유지하기 위하여 행하는 사실상·법률상의 모든 행위. <u>보존행위는 각자가 단독</u>으로 할 수 있다.
    - 보존행위를 공유자 각자가 할 수 있는 것은 긴급을 요하는 경우가 많고 다른 공유자에게 이익이 되기 때문이다.
      > 판례 공유물의 소수지분권자가 공유물의 전부 또는 일부를 독점적으로 점유·사용하는 경우, 다른 소수지분권자가 공유물의 보존행위로서 인도청구 불가
4) 공유물에 대한 부담 : 비용 등 지분비율로 부담, 1년 이상 의무 불이행 시 지분매수 가능

(3) **지분처분의 자유** : 금지특약은 채권적으로만 유효
(4) **지분의 탄력성** : 지분 포기하거나 상속인 없이 사망하면 다른 공유자에게 지분비율로 귀속

74강 공동소유(Ⅲ)

4 공유의 외부관계

(1) 지분권의 대외적 주장(단독)

1) 지분의 확인 청구 : 단독

   단, 다른 공유자의 지분확인 청구 → 필수적 공동소송

2) 반환 및 방해제거 : 각 공유자는 단독으로 반환(인도), 방해제거 청구, 타인명의 등기말소청구

3) 지분권의 시효중단 : 각 지분권자는 단독으로 자기 지분에 대하여 시효중단, 상대적 효력

★ 공동매수인의 가등기에 기한 본등기 청구(판)
- 판례 복수의 권리자가 소유권이전청구권보전의 가등기를 한 경우 : 단독으로 가등기에 기한 본등기 청구, 명의신탁해지에도 동일
- 판례 복수채권자 명의로 매매예약을 체결하고 소유권이전등기 청구권보전을 위한 가등기를 경료한 경우 : 매매예약완결권의 행사 본등기 이행청구 복수채권자 전원의 공동소송
- 판례 수인의 채권자가 지분 별로 별개 독립의 매매예약완결권을 가지는 경우 단독으로 가담법상 절차이행

(2) 공유관계의 대외적 주장

공유관계의 확인, 이전등기 청구, 시효중단 : 전원공동(필수적 공동소송)

- 판례 공유물에 무효인 소유권 보존등기
  ① 제3자에 대하여 ; 공유자 단독으로 그 등기 전부말소
  ② 다른 공유자의 1인에 대하여 ; 그 공유자의 지분을 제외한 나머지 공유지분 전부에 대한 말소등기 청구

(3) 공유자에 대한 제3자의 권리행사

1) 소유권 확인 또는 이전 청구 : 공유자 각자에 대하여 지분의 한도에서 가능(판)

2) 공동상속인들의 건물철거의무의 성질 : 성질상 불가분 채무, 지분의 한도 내에서 건물 전체에 대한 철거의무(1인에 대한 청구 인용)

3) 공동상속인 등의 소유권 이전의무
   – 이전절차 이행의 소는 필수적 공동소송(×)

(4) 부당이득반환청구

1) 공유자 1인 또는 제3자의 불법점유
   - 자기지분의 범위에서 단독 청구
2) 다른 공유자의 동의 없이 지분의 범위를 초과하여 사용·수익하는 경우도 동일

▶ 공유물의 분할

1 분할의 자유

2 분할의 자유제한
(1) **약정**(5년 내의 기간 가능, 갱신도 5년, 제3자에는 등기로 대항)
(2) **법률규정** : 구분건물의 공용부분, 경계표 담 등

3 분할의 방법
(1) **분할청구권 = 형성권**
(2) **분할방법**
   1) 협의분할(현물, 대금, 가격 배상)
   2) 재판상 분할
      ① 소의 제기
         ㉠ 불분할의 약정, 법률의 금지규정이 없는 한 자유 제기
         ㉡ 필수적 공동소송, 형식적 형성의 소

         [판례] 이미 분할의 합의(소유권 분할 합의)가 있으면 분할 청구 불가 ⇒ 이전청구
            [예] 구분소유적 공유(상호명의신탁)

      ② 분할의 방법 → 형식적 형성의 소
         현물 분할이 원칙, 대금분할을 위한 경매 가능

         [판례] 건축허가 신고 없는 미등기 건물은 경매 불가
         [판례] 현물분할하고, 일부자만 가격배상 가능
            청구자의 지분 일부에만 분할을 명하고, 지분 일부에 공유유지는 불가

4 분할의 효과

(1) 공유관계 종료

부동산의 현물분할은 이전등기 시, 재판상의 분할은 판결 확정 시에 소유권 변동

(2) 불소급 ; 그러나 상속재산의 분할은 상속 시에 소급

(3) 공유자 간의 담보책임

(4) 지분상의 담보물권에 대한 영향

> 판례 공유자의 한 사람의 지분 위의 담보물권 = 공유물 분할 후에도 공유물 전부에 효력

★ **구분소유적 공유(상호명의신탁)**
  1) 의의
     ① 특정부분매수, 형식적으로는 공유지분등기
     ② 내부관계는 특정부분소유권 취득, 지분등기는 특정매수 부분에 관하여 상호 명의신탁
  2) 내부관계
     ① 특정부분 배타적 사용·수익
     ② 타 구분소유자의 사용·수익 → 방해배제
     ③ 공유관계 해제 → 소유권이전
  3) 승계
     ① 양수인이 알고 승인하면 승계, 기타는 소멸
     ② 경매는 구분소유관계가 감평·최저가격 결정이면 승계

▶ 합 유

1 의의·특색

(1) 의의 : 조합체로서 물건 소유

(2) 특색 : 지분 인정 그러나 합유 지분자의 지분처분 제한·분할 금지

> 판례 조합재산을 취득하면서 합유물, 조합원 1인의 명의로 소유권이전등기. 조합원에게 명의신탁

> 판례 합유재산을 합유자 1인명의로 보존등기 : 무효

76강 공동소유(Ⅴ)

2 합유의 성립
(1) 계약에 의한 조합체(동업조합, 계) 재산
(2) 수탁자가 수인인 수탁재산

3 합유의 내용
(1) **불가분성** : 합유자의 권리(지분)는 합유물 전부에 미친다.
(2) **합유물의 보존** : 각자 단독
(3) **합유물의 처분·변경** : 전원 동의
(4) **합유 지분 처분** : 전원 동의(임의 규정)
(5) **합유물분할청구** : 금지(임의 규정)

> 판례 합유 등기된 부동산 명의신탁해지로 인한 소유권이전등기 이행청구소송 : 필요적 공동소송, 합유자 전원 상대

4 합유의 종료
(1) 조합체의 해산
(2) 합유물의 양도

> 판례 합유자 중 1인의 사망 : 합유지분의 상속(×)
> – 잔존 합유자가 2인 이상이면 그들의 합유로 남고, 1인이면 단독소유

▶ **총유**

1 의의 및 특색
(1) 권리능력 없는 사단의 소유형태
  종중, 문중, 교회, 동창회, 사찰, 촌락단체의 재산
(2) 특색
  1) 지분 불인정
  2) 관리·처분의 기능과 사용·수익의 기능 양분

77강
공동소유(Ⅵ)

2 총유 등기 인정
사단의 명의로 대표자·관리인이 신청

3 총유관계의 내용
(1) 관리·처분 : 총회 결의
> 📑 재건축조합의 조합장이 타인 간의 채무보증하는 것
> – 임원회의 결의 절차 거치지 않았더라도 유효

(2) 사용·수익 : 정관에 좇아 각 사원
(3) 보존행위 : 총회결의 필요
> 📑 총유물에 관한 소송 : 사단명의 총회결의 또는 구성원 전원이 당사자가 되는 필수적 공동소송
> – 구성원 (대표는) 총회 결의를 거쳤다 하더라도 당사자 (×)

(4) 사원의 권리의무
사원지위의 취득·상실로 당연히 취득·상실

> 📑 종중과 여성
> ① 여성에게 종원의 지위를 인정하지 않는 관습 ; 무효
> ② 여성에게 통지를 결한 임시총회의 결의 ; 무효

> 📑 교회 교인들의 집단적 탈퇴
> ① 법인 아닌 사단의 분열 허용 (×)
> ② 교회 분열 시 교회 재산 ; 잔존 교인 총유, 개인 또는 집단적 탈퇴 동일
> ③ 교단변경을 위한 결의 요건 ; 교인 2/3 이상의 찬성 결의

용익물권

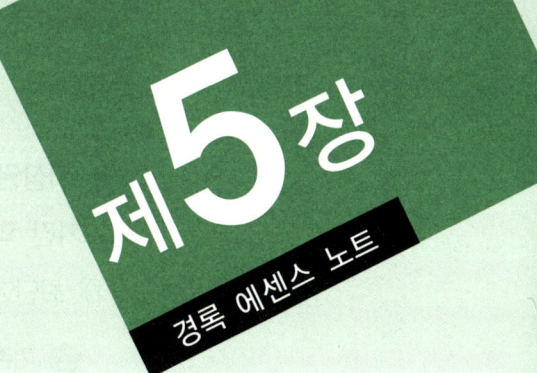

78강 지상권(Ⅰ)

▶ **지상권**

1 의의 및 성질

(1) **의의** : 타인의 토지에 건물, 공작물, 수목(지상물)을 소유하기 위하여 토지를 사용할 용익물권

(2) **성질**

  1) 타물권 : 토지의 일부

  2) 건물 기타공작물 수목의 소유목적

  3) 용익물권

    ① 지상물이 현존하지 않더라도 성립

    ② 토지를 점유할 권리, 상린관계

  4) 물권 : (양도 상속성), 지료는 요소(×)

  ★ 임차권과의 비교
    1) 성질, 대상, 대가관계, 존속기간, 양도·임대·담보제공
    2) 대항력, 소멸(비용상환, 지상물 매수청구)

2 취 득

(1) **법률행위** : 설정, 유언, 지상권의 양도

(2) **법률규정** : 제187조(상속 등)

(3) **성문법상의 법정지상권**

(4) **관습법상의 법정지상권**

3 지상권의 존속기간

(1) 기간 약정한 경우

  1) 최단기 법정 : 30년, 15년, 5년

      🔖 기존의 건물·수목 소유목적이면 단기 제한(×)

  2) 최장기 제한 없음

      🔖 영구지상권 인정

(2) 약정하지 않은 경우

  1) 지상물의 종류에 따라 결정(최단기)

  2) 미정이면 15년

  3) 편면적 강행규정

(3) 계약의 갱신과 존속기간

  1) 지상권자의 갱신청구권(청구권)

    ① 존속기간 만료로 소멸한 때 지상물 현존하면 갱신청구(청구권)

    ② 지상권 설정자가 거절하면 지상물매수청구권(형성권)

      🔖 지료연체로 소멸청구이면 매수청구(×)

  2) 계약갱신과 존속기간 : 최단기 제한

4 지상권의 효력

(1) 토지사용권

  1) 설정행위로 정한 목적 범위

  2) 지상물 소유(목적달성) 범위에서 위요지에도 미침

  3) 상린관계 준용 : 지상권자와 소유자, 지상권자 간

  4) 점유할 권리, 물권적 청구권

      🔖 토지에 관하여 저당권과 함께 지상권을 취득한 경우
        ; 제3자에 대한 건축 중지권, 저당권 소멸에 부종성

(2) 지상권의 처분

  1) 처분의 자유 : 권리양도, 기간 내 임대, 처분 금지특약 무효, 담보제공(전세권과의 비교)

2) 지상물의 양도와 지상권

　① 지상물의 양도에 부종(제102조 ②)

　② 그러나 등기하여야 양도의 효력

(3) 지료

  1) 약정으로 지료 발생

　　<판례> 토지소유권 또는 지상권 이전과 지료 지급 : 등기해야 제3자에 대항력 발생. 등기 없으면 지료증감청구권(×)

  2) 지료증감청구권 : 형성권, 편면적 강행규정

　　<판례> 지료등기가 없으면 지료증감청구권(×)

  3) 지료체납의 효과 : 2년 이상 연체하면 지상권 소멸청구 가능

5 지상권의 소멸

(1) 소멸사유

  1) 일반적 소멸사유

　　토지멸실, 기간만료, 혼동, 소멸시효 완성, 지상권에 우선하는 저당권 실행, 토지수용

  2) 특유의 소멸사유

　　① 지상권설정자의 소멸청구 : (통산) 2년 이상의 지료연체

　　　<비교> 전세권, 임차권, 주임차·상임차

　　　<판례> 지료연체 후 일부지급 : 연체 후 설정자가 소멸청구하지 않고 있는 동안 일부를 지급하고 수령한 경우 2년 미만이면 소멸청구(×)
　　　<판례> 등기 없으면 구 지상권자의 연체로 신 지상권자에 소멸청구(×)
　　　<판례> 지료체납이 토지 이전 전후에 걸치는 경우 특정 소유자에 2년

　　② 지상권의 포기

　　　- 포기의 자유, 지상권이 저당권의 목적인 경우 = 포기 제한

　　③ 저당권에 부종하는 지상권 : 피담보채권의 소멸로 소멸(판)

80강
지상권(Ⅲ)

(2) 지상권 소멸의 효과
1) 지상물수거권 및 의무
2) 지상물매수청구권(형성권)
   ① 지상권 설정자의 매수청구권 : 정당한 이유 없이 거절(×)
   ② 지상권자의 매수청구권 : 갱신 청구 거절된 경우
      지료체납으로 소멸 청구 시 부인
      편면적 강행규정
3) 유익비상환청구

81강 (특수한) 지상권(Ⅳ)

▶ 구분지상권

1 의의·특질
토지의 상하 범위를 정하여 건물 기타 공작물 소유목적, 수목 제외

2 구분지상권의 설정
합의와 등기, 설정 범위의 확정, 기존 사용·수익권자 등 전원의 승낙

3 구분지상권의 효력
(1) 일반지상권의 준용, 소유자의 사용권 제한
(2) 승낙한 제3자 : 구분지상권의 행사를 방해해서는 안 된다.

▶ (성문법상의) 법정지상권

1 의의·취지

2 인정되는 경우
제305조(건물의 전세권과 법정지상권), 제366조(법정지상권), 가담법, 입목법

3 **성 립** : 등기 불요, 처분에는 등기 필요
- 기간 : 기간은 정함이 없는 것으로 본다.

4 **전세권 보호를 위한 법정지상권**
(1) **요건** : 전세권 설정 당시 토지 건물의 소유자 동일
- 토지 양도 등으로 소유자가 다르게 된 때
(2) **법정지상권 취득자** : 전세권자가 아니라 건물소유자(전세권설정자)

82강
(제366조상의 법정)지상권(Ⅴ)

▶ 저당권 실행에 의한 법정지상권

1 **요 건**
(1) **저당권 설정 당시 건물의 존재**
  1) 저당권 설정한 후에 축조한 건물(×)
     - 일괄경매 또는 철거. 미등기 건물(○)
  2) 설정 이후 건물의 증·개축, 멸실 후 재축하는 경우에 인정
     🔖 법정지상권의 존속기간, 범위는 구 건물 기준
     🔖 건물이 설정 당시에 건물이 없었다면, 근저당권자가 토지소유자의 건축에 동의하였더라도, 법정지상권(×)
(2) **설정 당시 소유자의 동일**
(3) **저당권의 설정** : 토지, 건물 어느 한 쪽 또는 둘 다 설정
(4) **경매로 소유자가 달라져야 함** : 매매 등이면 관습법 적용
(5) **특약의 배제(×)** : 강행규정
  특약으로 법정지상권의 성립 배제(×)

2 **효 과**
(1) **지상권의 범위** : 일반지상권과 동일. 대지에 한정(×)
(2) **존속기간** : 제280조(존속기간을 약정한 지상권) 제1항 적용(판)
(3) **지료** : 당사자의 합의, 당사자의 청구로 법원이 결정

(4) 법정지상권의 양도 : 등기 필요

- 🏛 법정지상권을 가진 건물 양수인 : 토지소유자의 건물철거 청구 부인. 신의성실의 원칙상 부당. 부당이득 가능
- 🏛 법정지상권이 건물소유에 종속하는 권리(×)
  건물과 법정지상권의 어느 하나만의 양도 가능

(5) 경매에 의한 법정지상권의 취득 : 등기불요

- 🏛 건물소유를 위하여 법정지상권을 취득한 자로부터부터 경매에 의하여 소유권을 취득한 경락인은 법정지상권 당연 취득

3 소 멸

기간만료, 토지소유자의 소멸청구, 포기, 혼동

4 공동저당권의 제외

- 🏛 철거 후 새 건물이 건축된 경우에는 법정지상권 부인

▶ 가등기담보권의 실행에 의한 법정지상권

▶ 입목에 관한 법률에 의한 법정지상권

▶ 관습법상의 법정지상권

1 의 의

동일인 소유의 토지·건물이 매매 등의 사유로 소유자를 달리하게 된 때 건물 철거 등의 특약이 없는 한 건물소유자가 취득하는 지상권

★ 관습법상의 법정지상권을 인정한 판례
  1) 매수인의 의사에 따라 건물만이 매도된 경우(○)
  2) 부지공유자들이 건물부지를 분할하여 1인 소유로 된 때
  3) 원고와 피고가 구분소유적 공유하고, 피고가 자기 몫의 대지에 건물신축, 대지의 피고부분만을 원고 경락(○)

★ 관습법상의 법정지상권을 부정한 판례
  1) 동일인에게의 소유권이전이 원인무효임이 밝혀져 그 등기이전이 말소된 때(×)
  2) 원소유자로부터 대지 건물이 한 사람에게 양도되었으나 대지에 관하여서만 이전등기가 된 경우(×)
  3) 미등기 무허가 건물의 취득자
  4) 환지처분
  5) 토지명의수탁자가 그 토지 위에 건물을 신축한 후 신탁관계가 해지된 경우(×)

2 성립요건

(1) 소유자의 동일 : 미등기 건물(○)

  판례 환매등기가 된 토지소유자의 건물 : 환매권 행사시(×)

(2) 매매 등으로 소유자가 달라질 것

  – 증여, 공매, 강제경매 등으로 달라질 것

  판례 형식상 소유자가 달라진 경우

  동일인 소유의 대지·건물이 매매 되었으나 대지만 이전등기 된 경우(×)

(3) 철거 (임대차) **특약의 부존재**

(4) 등기 불요 : 토지소유자 및 그 승계인에게도 대항 가

83강
(관습법상의 법정)
지상권(Ⅵ)

제5장 용익물권

84강 (관습법상의 법정)지상권(Ⅶ)

3 관습법상의 법정지상권의 효과

(1) **일반지상권의 준용**
   - 판례 법정지상권 성립 후의 건물의 증·개축되거나 신축 : 구 건물 기준

(2) **존속기간** : 존속기간을 정하지 않은 것으로 본다.
   증·개축의 경우는 구 건물 기준

(3) **지료** : 당사자의 합의 / 당사자의 청구로 법원이 결정
   - 판례 법정지상권을 취득할 지위에 있는 자의 토지소유자에 대한 ; 부당이득반환의무
   - 판례 지료지급액 : 제한 없이 토지를 사용함으로써 얻는 이익.
     건물이 건립되어 있는 것을 전제로 하는 이익(×)

4 관습법상의 법정지상권이 붙은 건물양수인의 지위

(1) **설정등기 및 이전등기**
   건물양도에 법정지상권의 양도도 포함. 그러나 양수인의 법정지상권을 취득하기 위해서는 등기 필요

(2) **건물전득자의 법정지상권 설정등기청구권의 대위행사**

(3) **토지소유자의 건물철거청구권 부인** : 신의칙

(4) **부당이득 반환의무**
   대지의 점유·사용으로 얻은 이득 ; 부당이득 반환(판)

▶ 분묘기지권

1 성립요건(등기 불요)
(1) 토지소유자의 승낙을 얻어 설치
(2) 20년간 평온 공연하게 기지 점유
(3) 자기토지에 분묘설치 후 토지 처분
(4) 봉분의 존재 : 평장, 가묘(판), 장래를 위한 분묘기지 등(×)

2 내용
(1) **토지사용권의 범위** : 분묘의 보호 및 제사에 필요한 범위
   - 판례 단분, 쌍분의 형태로 합장(×)
(2) **존속기간** : 봉분, 제사가 존속하는 한 존재
(3) **지료** : 특별한 사정이 없는 한 무상
   - 판례 토지소유자의 시효취득 분묘기지권자에 대한 지료지급청구권

▶ 지역권

1 의의 및 성질

(1) 의의 : 용익물권

1) 개념

타인의 토지(승역지)를 자기토지(요역지)의 편익에 이용하는 권리

2) 타인의 토지를 이용하는 권리

① 인접 불요

② 유상성(약정 지료 등기사항 ×)

3) 요역지와 승역지의 관계

① 적용 : 소유자 간, 설정 후 요역지와 승역지의 지상권자, 전세권자, 임차인

② 토지의 일부 : 요역지는 1필의 토지, 승역지는 토지의 일부 (○)

(2) 법적 성질

1) 요역지 위의 권리에 종된 권리

① 수반성 : 요역지 위의 소유권 등 권리와 법률적 운명을 같이 한다. 다른 약정이 있는 때에는 예외

② 부종성 : 요역지로부터 분리하여 양도 다른 권리의 목적 (×)

2) 지역권의 불가분성

① 공유자 1인의 지역권 소멸금지

㉠ 공유자의 1인은 그 지분에 관하여 그 토지를 위한 지역권 또는 그 토지가 부담하는 지역권을 소멸시키지 못함

㉡ 요역지·승역지 분할 일부양도 : 각 부분에 존속

② 취득과 불가분성

㉠ 공유자 1인이 지역권을 취득하면, 공유자도 취득

㉡ 취득시효 중단은 지역권을 행사하는 모든 공유자에 해야 한다.

③ 소멸시효의 중단·정지

요역지 공유 : 1인의 소멸시효 중단은 다른 공유자를 위하여도 효력

85강
지역권(Ⅰ)

86강 지역권(Ⅱ)

2 지역권의 종류
(1) 작위지역권 / 부작위지역권
(2) 계속지역권 / 불계속지역권
(3) 표현지역권 / 불표현지역권

3 지역권의 득실과 존속기간
(1) **지역권의 취득**
   1) 일반사유 : 설정행위 + 등기, 요역지 이전에 수반취득
   2) 시효취득 : 계속되고 표현된 것, 등기 요
   3) 공유에 의한 시효취득

   > 판례 통행지역권은 통로 개설 요건

   > 판례 토지의 불법점유자 지역권 시효취득 불가

(2) **존속기간** : 규정 없고, 등기로 제3자에 대항. 영구무한 지역권 인정

(3) **지역권의 소멸**
   1) 일반사유 : 요역지·승역지 멸실, 포기, 혼동, 존속기간 만료, 약정 사유의 발생, 승역지 수용
   2) 제3자에 의한 승역지의 시효취득 : 예외 있음
   3) 소멸시효의 완성

4 지역권의 효력
(1) **지역권자의 권리**
   1) 요역지의 편익에 승역지를 사용하는 권리
   2) 물권적 청구권 : 반환청구권(×)

(2) **승역지 이용자의 권리의무**
   1) 기본적 의무 : 부작위 의무
   2) 부수적 의무 : 자기 비용으로 공작물 설치 등
   3) 위기에 의한 부담 면제
   4) 공작물의 공동사용 : 승역지 소유자는 지역권자가 설치한 공작물

5 특수지역권

(1) **의의** : 지역주민의 집합체로서 타인 토지에서 초목 채취 등 수익
(2) **성질** : 인역권, 양도 상속성(×) 요역지의 부재
(3) **적용법규** : 관습, 지역권 규정 준용

▶ 전세권

1 전세권의 의의 및 성질

(1) **전세권의 의의** : 전세금을 지급하고 타인의 부동산을 용도에 좇아 사용·수익하는 한편 후순위 권리자에 대한 우선변제권을 갖는 용익·담보 물권

★ 전세권과 임차권의 비교

전세권	임차권
물권	채권(채권적 전세 포함)
수선의무 = 전세권자	수선의무 = 임차권(×)
유익비상환청구권만 인정	필요비, 유익비상환청구권
• 부속물매수청구권 인정 • 지상물매수청구권(판)	• 부속물매수청구권 인정 • 지상물매수청구권 인정(준용)
최장기 10년	최장기 20년(위헌)

• 채권적 전세 : 임차권

(2) **전세권의 성질**

1) 타인의 『부동산』에 관한 권리
   – 토지, 건물(의 1부), 농경지(×) 용도에 좇아 『사용 수익』하는 권리
2) 사용·수익권 : 점유할 권리, 상린관계 적용, 지상물 소유목적(통)
3) 성립요소로서의 전세금 : 전세금 지급, 등기

   [판례] 전세금 지급방법 : 기존의 채권으로 지급에 갈음 가능

4) 물권 : 양도성 상속성(양도금지 특약 인정)
5) 특수한 물권 : 담보물권적 성질(전세금 반환 시까지 효력 존속)
   – 부종성, 수반성, 불가분성, 물상대위성

87강
전세권(Ⅰ)

★ 건물 전세의 특칙
  지상권·임차권에 대한 효력(제304조)
  법정지상권(제305조)
  최단 기간의 제한(제312조 ②)
  법정 갱신제한(제312조 ④)

 존속기간 시작 전 설정된 전세권의 효력 : 등기한 순위에 따른다.

88강 전세권(Ⅱ)

2 전세권의 취득과 존속기간

(1) 전세권의 취득
  1) 취득사유 : 전세권의 양도, 상속 등
  2) 설정계약 + 등기 + 전세금 지급, 점유취득(×)

(2) 존속기간
  1) 존속기간을 정한 경우 : 최장 10년, 최단 건물전세에만 1년
    ① 설정계약의 갱신
       합의갱신 10년을 넘지 못함. 갱신청구권(×) 묵시갱신(×)
    ② 건물전세권의 법정 갱신
       ㉠ 요건 : 기간만료 전 6월~1월, 다른 표시 없을 때
       ㉡ 효과 : 종전과 동일한 조건, 기간 → 정함(×)
        법정(묵시적)갱신과 등기 요부 : 등기 없이 제3자에 대항
    ③ 등기 : 기간 약정의 등기하여야 제3자 대항 가능
       등기 없으면 기간 약정이 없는 것으로 다룬다.
  2) 존속기간을 정하지 않은 경우
     언제든지 소멸 통고, 6월 경과로 소멸

89강 전세권(Ⅲ)

3 전세권의 효력

(1) 당사자 간의 기본적 권리의무
  1) 전세권자의 점유할 권리·사용수익권
     건물전세권의 효력 : 대지 및 부근 토지
  2) 용도 위반 시 : 소멸청구, 원상회복 또는 손해배상

3) 전세권자의 현상유지·수선의무

4) 전세권자의 물권적 청구권

5) 전세권 설정자의 인용의무 : 소극적 의무 → 임대인과 다르다.

6) 상린관계의 준용

(2) 건물전세권의 효력

1) 지상권·임차권에 대한 효력(제304조)

   타인 토지상 건물전세권 : 건물소유 목적의 지상권·임차권에 효력

   설정자는 전세권자의 동의 없이 지상권·임차권 소멸(×)

2) 법정지상권 : 동일 소유자의 토지 건물 중 건물에만 전세권 설정(제305조)

   ① 토지소유권 변동 : 특별승계인은 <u>설정자에 대하여 법정지상권을 설정한 것으로 본다.</u>

   ② 대지소유자는 타인에게 대지를 임대하거나, 지상권, 전세권을 설정하지 못한다.

(3) 전세금증감청구권

1) 의의 : 전세금이 조세·공과금, 기타 부담의 증감, 경제사정의 변화로 상당하지 아니한 때 당사자는 증감 청구

2) 성질 : 형성권, 일방적 의사표시

3) 증액 제한 : 약정한 전세금의 1/20 초과(×)

   설정계약 또는 증액이 있은 날로부터 1년 이내(×)

(4) 전세권의 처분

1) 처분의 자유

   예외 : 설정행위로 금지 가능. 등기로 대항력

2) 전세권의 양도·담보제공·전세물의 임대

   ① 전세권의 양도

      ㉠ 전세권 양수인은 양도인과 동일한 권리의무

      ㉡ 설정자에게 지급된 금액보다 고액 가능, 초과분은 설정자에 반환책임(×)

   ② 담보(저당권) 제공 : 저당권자의 동의 없이 전세권 소멸(×)

90강

전세권(Ⅳ)

③ 임대 : 책임 가중, 불가항력으로 인한 손해 책임
④ 전세권이 존속하면서 전세금 반환채권만의 양도
　㉠ 원칙 : 금지
　㉡ 예외(판)
　　ⓐ 전세권이 소멸하는 경우에 반환(97다33997)채권이 발생하는 것을 조건으로 조건부 채권 양도 가능
　　ⓑ 전세권 설정계약이 합의 해제된 경우
⑤ 전전세
　㉠ 의의 : 전세권의 범위 내에서 원전세의 일부에도 가능
　㉡ 요건 : 설정 합의 + 등기
　　ⓐ 전전세금 : 원전세금 범위 내
　　ⓑ 전전세기간 : 원전세 존속기간 내
　㉢ 효과
　　ⓐ 전전세권자도 전세권자와 같은 권리(경매권 포함)
　　　원전세권 설정자에게는 아무런 권리·의무 (×)
　　ⓑ 전전세 후에도 원전세 존속
　　ⓒ **책임가중** : 불가항력에 의한 손해 책임
　　ⓓ 전세권이 소멸하면 전전세권 소멸 : 전세권 소멸행위 금지

(5) 우선변제적 효력
1) 전세금의 반환 : 일반채권자, 기타 후순위 채권자에 우선
2) 민사집행법에 의한 임의경매
3) 건물의 일부에 대한 전세권 : 건물 전체에 대한 경매권 (×)(판)
　건물 전체에 대한 우선변제는 별론

4 전세권의 소멸

(1) 물권 일반의 소멸사유

존속기간 만료·혼동·소멸시효의 완성·포기

– 전세권에 우선하는 저당권의 실행, 토지 수용

(2) 전세권에 특유한 소멸사유

1) 전세권설정자의 소멸청구 : 전세권자의 용법위반

   – 전세권설정자의 원상회복 또는 손해배상청구

2) 전세권의 소멸통고

   언제든지 소멸통고, 6월 경과로 소멸

3) 목적부동산의 멸실

   ① 목적물의 전부멸실 : 전세권자의 귀책사유이면 손해배상

   ② 목적물의 일부멸실

      ㉠ 불가항력 : 목적달성 불능이면 전세권자의 소멸통고

      ㉡ 귀책사유 : 목적달성 불능이면 설정자의 소멸청구

4) 전세권의 포기

   자유. 다만 전세권이 저당권의 목적이면 저당권자의 동의 요

91강
전세권(Ⅴ)

92강 전세권(Ⅵ)

(3) 전세권 소멸의 효과

1) 동시이행

목적물의 인도·등기말소 서류 교부 = 전세금 반환

- 판례 명도 후, 서류교부 못 받은 전세권설정자의 부당이득(×)
- 판례 건물소유권 이전 후 전세금반환청구의 상대방: 신소유자

2) 전세권자의 경매청구권

요건: 전세금반환청구권 발생, 전세권설정자의 반환지체

- 판례 전세권자의 명도, 서류교부 등 이행제공으로 이행지체
- 판례 건물의 일부전세권: 전세목적물이 아닌 나머지 부분에 대한 경매(×)

★ 전세권을 목적으로 하는 저당권의 실행(판례)
  1) 전세권 존속 중: 전세권 자체 경매
  2) 기간만료 등 종료 후: 전세금반환채권에 추심명령, 지급명령
     제3자의 강제집행에 배당요구 등으로 (우선변제권) 행사
  3) 전세권설정자는 전세금채권에 대한 압류 등이 없는 한 전세권자에게만 반환의무

3) 부속물수거권

4) 부속물매수청구권(형성권)

① 전세권 설정자의 매수청구권

정당한 이유 없이 거절(×)

② 전세권자의 매수청구권

설정자의 동의 또는 설정자로부터 매수하여 부속

㉠ 부속 → 매수청구

㉡ 부합 → 비용상환 청구

5) 지상물매수청구권(판)

임대차에 관한 제643조(지상물매수청구권) 유추적용

6) 전세권자의 유익비상환청구권: 전세권설정자의 선택

7) 별제권: 전세권설정자의 파산

8) 말소등기

담보물권

93강
담보물권 총설(Ⅰ)

▶ **담보물권 총설**

1 채권담보제도

(1) 담보의 의의

　채권의 일반적 효력 보강, 채권의 실현수단 확보

(2) 인적 담보제도

　제3자의 일반재산으로 채권담보(연대채무, 연대보증, 보증채무)

(3) 물적 담보제도

　1) 제한물권의 법리에 의한 것

　　민법상의 담보물권, 특별법상의 공장저당, 광업저당, 가등기담보 등

　2) 소유권이전의 법리에 의한 것

　　양도담보, 환매, 재매매의 예약, 대물변제의 예약, 소유권유보부 매매

2 담보물권의 종류

(1) 근거법률에 따른 분류

　1) 민법상의 담보물권 : 유치권, 질권, 저당권

　2) 특별법상의 담보물권 : 상사유치권, 상사질권, 임금우선특권, 소액보증금 우선특권

(2) 성립원인에 따른 분류

　1) 법정담부물권 : 유치권, 법정질권, 법정저당권

　2) 약정담보물권 : 저당권, 질권등기 등 요

94강 담보물권 총설(Ⅱ)

★ 민법상 담보물권의 비교

구 분	유치권	질 권	저당권
성 립	법률규정	당사자의 약정+인도	당사자의 약정+등기
성 격	법정담보권	약정담보권	약정담보권
목적물	동산, 부동산	동산, 재산권	부동산
효 력	유치권	유치, 우선변제	우선변제
경 매	有	有	有
우선변제	無	有	有

전세권은 용익물권이면서 동시에 담보물권(저당권에 유사)

3 담보물권의 특질

(1) 부종성 : 피담보채권이 불성립, 소멸이면 담보물권도 소멸
 - 유치권 현저, 부종성의 완화 : 근저당, 조건기한부채권에 저당권 성립

(2) 수반성
 피담보채권의 이전, 부담 설정되면 담보물권도 이전 등

(3) 불가분성
 1) 채권 전부가 변제될 때까지 담보물 전부에 미친다.
  ① 목적물의 불가항력에 의한 일부멸실
  ② 채권의 일부 변제되더라도, 잔존채무의 효력이 목적물 전부
 2) 불가분성의 예외 및 완화
  ① 예외 : 공동저당에서 동시배당의 경우 비례배당
  ② 완화 : 유치권에서 다른 담보 제공으로 유치권 소멸

(4) 물상대위성
 1) 의의 : 목적물이 멸실·훼손·공용징수로 멸실·수용되더라도 목적물의 가치를 대표하는 변형물 위에 효력이 미친다.
 2) 인정범위
  ① 전세권, 질권, 저당권, 우선변제권이 없는 유치권(×)
  ② 담보물의 매각대금, 전세금, 보증금, 차임(×)
 3) 행사요건 : 설정자가 받을 금전 기타유가물을 설정자가 인도 받기 전 압류(특정성 확보)
  판례 반드시 물상대위권자가 압류할 필요는 없다.

4) 행사방법 : 압류한 다음 추심 또는 전부명령

　　단지 담보권의 등기만으로는 우선변제 불가

★ 순위승진과 소유자 저당
　1) 순위승진의 원칙
　　① 선순위담보물권이 소멸하면 후순위담보물권의 순위승진
　　② 유치권에는 순위승진(×)
　2) 소유자 저당
　　① 자기 소유부동산에 동일인이 저당권을 가질 수 없다.
　　② 혼동의 예외로서 후순의 권리의 승진을 막기 위한 경우 : 예외적으로 인정

▶ 유치권

95강
유치권(Ⅰ)

1 의의와 성질

(1) 의의

　1) 의의 : 타인의 물건(유가증권) 점유자가 채권변제를 받을 때까지 목적물을 유치할 수 있는 권리

　2) 동시이행의 항변권과의 비교

　　① 동시이행의 항변권 : 양 채무의 견련성

　　　당사자 일방은 상대방의 이행(제공)이 있을 때까지 이행거절

　　② 유치권 : 독립의 담보물권

★ 동시이행의 항변권과의 비교(공평의 원리)

구 분		유치권	동시이행의 항변권
공통점	권리발생	견련관계·특약에 의한 배제	
	권리소멸	피담보채권·항변권자의 채권 소멸	
	소송효력	상환이행 판결	
차이점	제도목적	채권 확보	일방이행 강요(×)
	효 력	목적물 유치	이행거절
	경매권	有	無
	상대방	누구에게나	특정의 채권자

96강 유치권(Ⅱ)

(2) 법적 성질
1) 점유할 수 있는 권리
2) 제한물권 : 법정담보물권
3) 추급력 부인 : 점유를 상실하면 유치권 소멸
4) 법정담보물권 → 등기 불요
   우선변제권(×) 물상대위성(×) 그러나 경매권(○)

2 유치권의 성립요건

(1) **목적물** : 타인의 물건, 동산·부동산(등기 ×), 유가증권

> 판례 목적물의 일부(임야의 일부)(○)

(2) **피담보채권과 목적물의 견련성**
1) 의의 : 목적물에 관하여 생긴 채권
2) 채권이 목적물 자체로부터 발생
   ① 목적물에 지출한 비용상환청구, 물건의 하자로 생긴 배상청구
   > 판례 신축건물에 대한 도급공사금채권(○) 건축자재대금(×)

   ② 채권이 목적물 자체를 목적으로 한 경우(×)
   > 판례 임차인의 임차보증금이나 손해배상금
   > 판례 계약명의 신탁에서 신탁자의 부당이득반환청구권
   > 판례 건축자재대금은 매매대금채권으로 신축건물에서 생긴 채권이 아니다.

   ③ 그러나 채무불이행에 의한 손해배상채권은 원래의 채권의 연장
   > 판례 공사잔대금의 이행지체로 인한 배상액의 예정(○)

3) 채권과 목적물의 반환청구권이 동일한 법률관계, 사실관계
   ① 동일한 법률관계에서 발생 : 매매계약의 취소, 물건의 수선료 채권 등
   > 판례 다세대주택의 창호공사비 → 한 세대 점유로 전 세대 공사비채권(○)

   ② 동일한 사실관계에서 발생 : 우연히 물건 바꿔 간 경우

4) 채권과 목적물 점유와의 견련성 불요(판)
   목적물 점유 전에 발생한 채권도 가능

(3) 피담보 채권이 변제기에 있을 것

　　유익비상환청구 : 법원이 기간 허여면 (×)

(4) 유치권자가 목적물 점유할 것

　　점유상실이면 유치권 소멸, 간접점유 포함

　　그러나 채무자를 직접점유자(경매 개시전의 점유를 취득한 건축주)로 채권자(공사대금채권자)가 간접점유하는 경우 (×)

(5) 점유의 적법성

　1) 불법행위로 인한 점유 (×), 불법점유자의 비용지출 (×)

　　🏛 저당권설정, 가압류등기 경료 분, 매각절차가 진행되지 않는 경우 (○)

　　　경매개시결정(등기) 후의 점유이전(처분행위) 매수인에 대항 (×)

　　　　- 체납처분 압류는 반드시 공매로 이어지는 것이 아니다. 따라서 경매개시결정 등기 전 점유취득에는 매수인에 유치권 (○)

　2) 점유개시 후의 권원상실

　　🏛 임대차계약의 해제·해지 후의 비용지출 (×)

　　　동시이행의 항변 중의 비용지출 (○)

　3) 점유(占有)가 적법하지만 유치권 (×)

　　🏛 경매개시 결정의 기입등기 전 증·개축 공사수급 점유취득, 등기 경료 후의 공사완료 (경락인에 대항 ×)

(6) 유치권 배제하는 특약이 없을 것

　　🏛 건물의 임차인이 임대차 종료시 건물명도 약정(포기특약) 포함

3 유치권의 효력

(1) 유치권자의 권리

　1) 목적물 유치권

　　① 유치의 의의 : 목적물의 점유 계속. 인도 거절

　　　🏛 미등기건물 유치권자 건물철거권을 가진 토지소유자에게 대항 (×)

　　② 유치권행사 중의 계속 사용 : 부당이득

　　③ 유치권의 행사 : 제3자(양수인·매수인)에 대항, 그러나 제3자에 변제청구 (×)

97강
유치권(Ⅲ)

98강
유치권(Ⅳ)

④ 소송 중 행사에 대하여는 상환급부 판결

> 판례 저당권 설정 후에 성립한 유치권도 특별한 사정이 없는 한
> → 저당권 실행으로 소멸(×) 유효

2) 경매권과 간이변제충당권
   ① 경매권
   ② 간이변제충당권
      ⓐ 의의 : 정당한 이유가 있을 때 직접변제충당
      ⓑ 요건 : 정당한 이유, 법원에 청구, 감정인의 평가, 채무자에 미리 통지
      ⓒ 효과 : 법원의 결정에 의하여 유치권자는 소유권 취득
   ③ 우선변제권(×) ; 사실상 우선변제의 결과
   ④ 별제권(○) : 파산 절차에 독립하여 변제. 우선변제권이 없음에도 인정

3) 과실수취권 : 변제충당. 이자 먼저

4) 유치물사용권
   ① 채무자의 승낙, 보존에 필요한 범위에서 유치물 사용 가능, 불연이면 유치권 소멸 청구
   ② 채무자의 승낙의 경우 : 부당이득반환, 상계권 행사로 사실상 우선변제

   > 판례 공사채권자가 유치물인 주택에 거주·보존에 필요한 사용 ; 상당한 이득상계 반환

5) 비용상환청구권
   ① 필요비 : 점유자와 달리 과실수취의 경우에도 변제에 충당하는 것이므로 통상의 필요비상환 청구
   ② 유익비 : 소유자의 선택에 좇아 가액의 증가가 현존하는 한 언제든지 청구 가능

   > 판례 점유할 권원이 없음을 알면서 계속 건물을 점유하여 유익비 지출 ; 유치권 부정
   > 점유물 반환시(제203조 ①) 임대차 종료시(제626조 ②)와 비교

6) 물권적 청구권 : (×)

(2) 유치권자의 의무
  1) 선관주의의무
  2) 임의사용, 처분금지
  > 판례 유치권자는 채무자의 승낙 없이 임대할 권한이 없으므로, 임대행위는 효력을 주장할 수 없고, '경락인에게 대항할 수 있는 권원' (×)
  • 위반 → 유치권 소멸청구

▶ 유치권의 소멸
1 일반적 소멸사유
(1) 목적물 멸실, 수용, 포기, 소멸시효 (×)
(2) 담보물권의 소멸사유(부종성). 유치권 행사 중 소멸시효 진행

2 특유한 소멸사유
(1) **소멸청구** : 유치권자의 보관의무 위반 또는 승낙 없는 사용 등
(2) **타담보 제공** : 상당한 담보 제공. 유치물의 가격이 과다하면 채무액 상당
(3) **점유상실** : 제204조 점유회복이면 소급하여 유치권 회복

▶ 저당권의 의의·성질

99강
저당권(Ⅰ)

1 의 의
설정자가 점유를 이전하지 아니하고 담보로 제공한 부동산에 관하여 다른 채권자보다 우선하여 변제받는 권리이다.

2 법적 성질
(1) **저당권의 특질**
  1) 약정담보물권
  2) 제한물권 : 혼동의 예외를 제외하고 자기물건에 저당권 성립 (×)
  3) 우선변제
  4) 유치적 효력 (×)
(2) **담보물권의 통유성** : 부종성, 수반성, 불가분성, 물상대위성

3 저당권의 성립

(1) 저당권설정계약

1) 의의 : 물권적 합의
2) 성질 : 처분행위, 종된 계약, 불요식행위
3) 당사자 : 저당권자(원칙 채권자) + 저당권설정자(채무자 또는 제3자)

   🟢 판례 제3자명의의 근저당권 설정등기 : 3자간 합의가 있고(채권양도, 제3자계약 등) 특별한 경우에 한하여 유효

   🟢 판례 근저당권 설정시 명의신탁자가 수탁자를 채무자로 등재한 경우 : 명의신탁자의 채무

   🟢 판례 매수인 대신 편의상 명의자인 매도인을 채무자로 경료된 저당권 등기 : 실채무자(매수인)의 채무로 유효

(2) 저당권 설정등기

1) 저당권 성립요건 : 저당권설정계약 + 등기
2) 등기사항 : 채권자·채무자, 채권액(필수사항)
   약정에 의하여 변제기, 이자, 지급시기, 지급장소 등
   - 설정비용 : 특약이 없으면 채무자

   🟢 판례 설정자(소비자) 부담으로 하는 은행약관 : 불공정 무효

3) 무효등기의 유용 : 이해관계인 (×)
4) 저당권의 불법말소 : 저당권 소멸 (×), 말소회복등기

   🟢 판례 예외(소멸) : 불법말소 후 경매

   - 근저당권자의 구제 : 채무자 및 배당받은 자에 부당이득 반환, 불법말소자에 불법행위 책임 추궁

(3) 저당권의 객체

1) 민법 : 부동산, 지상권, 전세권, 일부 (×) 공유지분 (○)
2) 민법 이외의 법률 : 선박, 입목, 광업권, 어업권, 공장재단, 자동차 등
3) 용익물권·저당권 설정의 가능 여부

구 분	부동산의 일부	지분
지상권·전세권	○	×
저당권	×	○

4) 농지, 입목 ; 가능

(4) 피담보채권
  1) 금전채권 : 실행 시까지 금전채권
  2) 채권의 일부나 수 개의 채권
     - 채무자가 다른 수 개의 채권에 물상보증인이 1개의 저당권 설정 가능
     - 채권자가 다른 수 개의 채권을 위한 1개의 저당권 설정 가능
  3) 장래의 채권
(5) 법정저당권의 성립
     토지임차인의 임차인 소유의 건물 압류. 압류 시
(6) 부동산 공사수급인의 저당권설정 청구권

100강 저당권(Ⅱ)

▶ **저당권의 효력이 미치는 범위**

1 피담보채권의 범위

원본, 이자(무제한 담보), 위약금, 손해배상, 지연배상(이행기 이후 1년 분, 제3자 관계), 실행비용

> 판례 저당권의 피담보채권의 범위
> 지연배상에 대하여는 이행기 이후 1년분에 한한다는 것은 저당권자의 제3자에 대한 관계에서의 제한이며, 채무자나 설정자는 전액변제하여야 저당권의 말소청구를 할 수 있다.

2 목적물의 범위(제358조)

(1) **부합물** : 독립성 상실 목적 부동산과 일체
  1) 토지상의 수목, 건물의 부속시설

     > 판례 건물의 독립성 없는 증축부분 미친다. 독립한 건물이거나, 별개의 건물(×)

  2) 설정 후의 부합물 포함. 분리된 후에는 미치지 않는다.
  3) 설정행위로 제외 가능(등기로 대항력)
(2) **종물**
  1) 저당권 설정 전후 불문, 설정행위에 의한 예외 인정
  2) 종된 권리에도 미친다.

- 🟢판례 건물의 저당권 → 건물 소유 목적의 임차권
- 🟢판례 건물의 저당권 → 건물 소유 목적의 지상권, 경락인이 건물을 양도한 경우에 지상권도 함께 양도한 것으로 본다.
- 🟢판례 구분건물의 전유부분저당권 → 대지사용권
- 🟢판례 종된 권리(대지사용권)의 저당권도 저당권 실행으로 소멸
  → 경락인에게 인수시킨다는 매각조건이 없는 한 토지공유지분에 대한 범위에서 매각 부동산 위의 저당권 실행으로 소멸

(3) **과실**(천연과실, 법정과실)

　1) 원칙 : 미치지 않는다.

　2) 예외 : 압류 후에는 수취한, 수취할 수 있는 과실에 미친다.

(4) **목적토지상의 건물** : (×)

(5) **물상대위** : 대표물(금전, 기타물건)

　1) 화재보험금, 손해배상금, 수용보상금 위에 미친다. 매매대금·차임(×)

　2) 단, 지급·인도 전에 압류를 요한다.

　3) 전세권 저당권 ; 전세기간 만료 등 전세권 소멸 후 전세금반환청구권으로 대위
　　 – 추심명령·전부명령, 제3자의 강제집행절차에서 배당청구(판)

(6) **구분건물 위에 설정된 저당권**

　사후 대지사용권(소유권, 용익물권)에 미친다(판).

101강 저당권(Ⅲ)

▶ 우선변제적 효력

1 우선 순위

(1) **일반채권자에 대한 관계** : 저당권자의 우선변제권

(2) **저당권자 상호간의 관계** : 등기의 순위에 따라 우선관계 결정

(3) **저당권과 전세권의 관계** : 설정순위에 의한다.

　1) 선순위 전세권자의 경매 : 양자 모두 소멸, 배당순위

　2) 후순위 저당권자의 경매 : 전세권 존속, 민집법 규정

🔖 1번 저당권, 전세권, 2번 저당권 : 2순위 저당권자의 경매신청
　전세권 소멸, 배당순위

🔖 1번 저당권, 대항력 있는 임차권, 2번 저당권 : 임차권 대항력 상실

(4) 국세우선권과의 관계
1) 당해세(저당목적물에 부과된 조세. 상속세, 증여세 등) → 언제나 우선
2) 저당물 소유자 체납조세 → 법정기일 전의 저당채권에 우선하지 않는다.

(5) 별제권 : 안분배당(×), 특정재산에서 우선변제

(6) 일반재산에 대한 집행
일반채권자의 자격으로 집행 권원을 받아 집행

(7) 압류, 가압류 등이 설정된 경우
1) 저당권설정 이후의 압류 등 : 저당권 우선
2) 가압류채권 이후에 저당권 설정 : 안분비례 배당

▶ 저당권의 실행

102강
저당권(Ⅳ)

1 의 의
채권 변제를 받기 위한 저당물의 경매청구

2 요 건
(1) 유효한 채권과 저당권의 존재
(2) 채무자의 이행지체
(3) 제3취득자에 대한 통지는 요건이 아니다.

3 경매절차 : 민사집행법(임의경매)

4 우선순위

(1) 집행비용

(2) 비용상환채권

(3) 최우선변제금(주임차, 최종 3개월분의 임금채권 등)

(4) 집행목적물에 대한 국세, 지방세, 가산금

(5) 저당권, 전세권, 대항력 확정일자부 임차보증금 등((4) 이전에 설정된 것)

(6) 임금채권 등 근로관계에서 발생한 채권

(7) 국세 등의 체납처분비·가산금 등

(8) 공과금(산재보험료·건보료·국민연금, 고용연금 보험료)

(9) 일반채권

> ★ 유저당과 대물변제의 예약
> 1) 유저당 : 설정계약 또는 변제기 전의 특약으로 채무불이행이 있는 경우에 저당 목적물의 소유권 취득하거나 임의 환가의 방법으로 처분약정(통설 : 허용)
> 2) 대물변제의 예약 : 저당부동산의 소유권을 저당권자에 귀속시키는 것. 목적재산의 예약 당시의 가액이 차용액 및 이자의 합산을 초과할 수 없다.

▶ 일괄경매청구권

1 의 의

저당권 설정 후에 설정자가 축조한 건물 저당권자가 토지와 함께 일괄경매청구 가능. 사회적 손실 구제, 저당권 실행 용이

2 요 건

(1) 토지 저당권 설정 후 건물 신축

　🔖 토지·건물에 공동저당이 설정된 후 건물 철거하고, 건물 신축 : 일괄경매 인정

(2) 소유자의 동일

　🔖 저당권설정자가 건물 축조 후 제3자에게 이전 (×)

　🔖 저당권자가 토지의 용익권자로부터 건물을 양수한 경우 (○)

(3) 토지만으로 채권 만족이더라도 (○)

3 효력
(1) 건물 대금에서 우선변제권(×)
(2) 토지 건물의 동일인 매각
(3) 저당권자의 권리 ; 과잉경매 금지 적용(×)

▶ 제3취득자의 지위
1 의의
토지의 저당권설정 이후의 토지 양수인, 지상권자, 전세권자

2 제3취득자의 변제권
(1) 채권변제 후 저당권 말소청구 ; 채권자를 대위하고 구상권 취득
(2) 변제기 전의 변제(×)
(3) 경매개시 결정 이후의 취득자에게도 인정(판)

3 비용상환 청구권
필요비, 유익비를 경매대금에서 우선변제. 상당기간 허여는 인정되지 않는다.

4 경매인

▶ 저당권과 용익관계
1 저당권과 용익권 설정
(1) **용익권이 먼저 설정** : 경락인에 대항
(2) **저당권이 먼저 설정** : 최고순위 저당권. 용익권 소멸
(3) **전세권 소멸시** : 그 순위에 따라 우선변제

103강
저당권(Ⅴ)

2 법정지상권
토지소유자가 건물 소유

▶ 저당권침해에 대한 구제
1 저당권침해의 의의

2 구제방법
(1) 물권적 청구권(설정자, 채무자, 제3자에 청구 가능)
  1) 반환청구(×) 방해제거·예방 청구
  2) (변제 등)무효인 선순위 저당권 말소 청구
     > **판례** 공장저당권의 목적인 동산의 무단반출 : 저당권자 자신에게 반환청구는 불가하지만 제3자에게 선의 취득되지 않는 한 원위치 회복 청구(○)
  3) 불법말소 등기회복청구
  4) 부합물·종물에 대한 집행이의의 소

(2) 손해배상청구권(설정자, 채무자, 제3자에 청구 가능)
  1) 요건 : 고의·과실
  2) 저당권실행 전에도 가능
  3) 채권만족 받을 수 있으면 불가
     > **판례** 근저당권의 공동담보물 중 일부 가치 감소로 나머지 저당목적물만으로 채권만족을 얻지 못하는 경우 : 손배청구

(3) 담보물보충청구권(설정자에 청구 가능)
  1) 저당권설정자의 귀책사유
  2) (2), (4)와 동시 청구 불가

(4) 기한의 이익상실(채무자에 청구 가능)
  채무자가 담보물 손상

▶ 지상권·전세권을 목적으로 하는 저당권의 실행

1 지상권·전세권을 목적으로 하는 저당권(제371조)

2 실행방법
(1) **지상권·전세권 존속 중** : 지상권·전세권 자체를 경매
(2) **지상권이 기간만료 등 소멸** : 저당권 소멸
(3) **전세권이 기간만료 등 소멸** : 전세권 자체 경매(×)
   전세금반환채권에 추심명령, 전부명령을 받거나, 제3자가 실시한 경매절차에서 배당요구. 일반채권자보다 우선변제
   🔖 전세권설정자는 제3자의 압류등기 없는 한 전세권자에게만 변제

▶ 저당권의 처분 및 소멸

1 저당권의 처분
(1) **처분제한** : 분리처분 금지(부종성, 수반성)
(2) **저당권부 채권의 양도** : 저당권 이전등기, 채권양도의 대항요건
(3) **저당권부 채권의 입질** : 부기등기

2 저당권의 소멸
(1) **일반적 소멸 사유** : 멸실, 혼동, 포기, 피담보채권의 소멸, 경매, 제3자의 변제
(2) **기타**
   1) 소멸시효 : 피담보채권의 시효소멸, 저당권 독립(×)
   2) 지상권, 전세권 목적의 저당권 : 소멸행위 금지
(3) **피담보채무 소멸·부존재**(원인 무효 등)**와 등기말소청구**
   1) 채권소멸 등 : 근저당권설정자는 양수인을 상대로 주등기말소청구
   2) 채권양도의 무효 등 : 양도인의 양수인 상대로 부기등기인 이전등기말소청구
(4) **소유권을 상실한 저당권설정자의 등기말소청구권**
   계약상의 권리로서 말소청구 가능

105강 저당권(Ⅶ)

▶ 근저당

1 의 의
계속적 거래(당좌대월 계약 등)에서 발생한 불특정 다수의 채권을 결산기에 일정 한도(최고액)까지 담보

2 특 질
(1) 장래의 불특정채권의 담보
(2) 부종성의 완화
(3) 채권최고액의 담보 : 초과분은 일반채권자로서 배당
(4) 포괄근저당

> 판례 인정하는 것이 보통이나 근저당권설정계약의 경위, 목적 등을 고려하여 피담보채권의 범위를 일정하게 제한 가능

3 설 정
(1) 설정계약
  1) 당사자 : 채권자(저당권자), 설정자(채무자, 물상보증인)
  2) 최고액과 피담보채권액의 기준(기본계약의 존재)
  3) 존속기간 또는 결산기
(2) 설정등기
  1) 최고액
  2) 이자(최고액에 포함)
  3) 존속기간 등기가 있으면 그 이후의 채권은 담보되지 않는다.

4 근저당권의 효력
(1) 피담보채권의 범위 : 설정계약에서 정한 최고액
  1) 제360조 이자 → 최고액에 산입
  2) 지연이자 → 1년분에 한하지 않고, 최고액에 포함
  3) 실행비용은 최고액에 포함(×)

> 판례 최고액을 초과하는 부분에 대하여도 근저당권이 미친다는 당사자 간의 특약
> : 제3자에 대항(×)

(2) 피담보채권의 확정

1) 계속적 거래관계의 종료 : 결산기 도래, 존속기간의 만료, 해지
2) 경매신청
    ① 근저당권자의 경매신청 → 신청시에 채권확정
    ② 후순위저당권자의 경매신청 → 대금 완납시 확정(판)
3) 채무자의 파산 선고
4) 회생절차(회사정리절차)의 개시
5) 채무자가 합병으로 소멸하고 물상보증인 또는 합병 전 소유권을 취득한 제3자가 합병 후 존속(신설)회사를 위하여 근저당권을 존속시키는 데 동의하지 않은 경우 ;
    합병 당시를 기준으로 피담보채무확정(판)
6) 확정 이후의 채권은 근저당권으로 담보(×)
    근저당권 → 일반저당권(판)

> 판례 채권확정 이후에 발생한 원본 채권의 이자 : 근저당권에 의해서 담보

> 판례 근저당권자의 피담보채권 : 근저당권자와 채무자 겸 근저당권설정자 간에는 전액변제가 있을 때까지 최고액에 관계없이 잔존채무에 미친다.

(3) 채권액이 최고액을 초과하는 경우

1) 채무자인 근저당권설정자에 대한 효과 : 전액변제해야 말소청구(판)
2) 물상보증인 등에 대한 효과 : 최고액 변제

5 근저당권의 처분

- 기초가 된 거래관계와 함께 양도 가능
- 근저당권자+양수인+채무자의 3면 계약 등기로 효력발생

> 판례 근저당권의 이전
> - 피담보채권이 확정되지 않은 상태에서 채권의 일부가 변제된 경우 : 근저당권이 대위변제자에게 이전 (×)
> - 피담보채권이 확정된 후 피담보채권을 담보하고 남는 부분 : 당연히 부기등기에 관계없이 대위변제자에게 이전

106강
저당권(Ⅷ)

107강 저당권(Ⅸ)

6 근저당권의 소멸
(1) 피담보채권 확정시 채권의 부재, 발생 가능성 소멸
(2) 근저당권 설정계약의 해지

▶ 공동저당

1 의의·특질
(1) **의의** : 하나의 채권담보를 위하여 수 개의 부동산에 설정된 저당권
(2) **특질** : 목적물 수만큼의 저당권 존재. 전액변제에 의하여 다른 부동산에 대한 저당권도 소멸

2 공동저당의 성립
(1) **설정계약** : 각 목적부동산에 동시에 설정할 필요는 없다.
   목적부동산의 전부나 일부가 제3자(물상보증인) 소유 가능
(2) **등기**
   공동의 취지(부등법) 담보물 5개 이상 ; 공동담보 목록 첨부
   > **판례** 공동저당 기재 없더라도 동일채권담보면 공동저당 성립

3 후순위저당권자와의 관계(제368조)
(1) **동시배당** – 안분(按分)(제368조 ①)
   1) 각 부동산의 경매대금에 비례하여 배당. 후순위 저당권이 존부 불문
   2) 배당하고, 나머지를 후순위저당권자에 변제 충당
   3) 하나의 부동산으로 변제에 족한 경우 : 다른 부동산 경매 (×)
      (과잉 경매의 금지)

[사례] 채권자 甲, 채무자 乙, 채권액 1억 5천만원

부동산	시가	소유자	2순위 저당권자·채권액
X가옥	1억원	채무자	丙 1억원
Y토지	2억원	채무자	丁 1억원

- 배당액 : 甲 : 1억 5천 = 3억 – 1억 5천
  丙 : 5천만 원 = 1억 – 5천(선순위 배당)
  丁 : 1억 = 2억 – 1억 원

4) 적용범위의 확대(판)
   ① 주임법상의 토지 건물에 대한 최우선변제
   ② 일반저당, 공동근저당에서 저당물 추가
5) 적용의 제한
   ① 부동산과 선박의 공동저당
   ② 일부가 물상보증인 소유 : 채무자소유의 부동산에서 먼저 배당 부족분이 있으면 물상보증인 소유부동산에서 배당(판)

(2) **이시배당** – 대위(代位)(제368조 ②)
   1) 공동저당물 중 일부만 배당
      ① 공동저당권자가 일부의 경매대가로부터 책임 분담액 초과 배당,
         – 후순위자(丙, 丁) 불리
      ② 불리한 후순위저당권자는 동시배당했다면 선순위저당권자가 다른 부동산에 우선변제 받을 수 있는 경매대가에 대위
      ③ 선순위자가 일부변제 받은 경우에도 적용

108강
저당권(X)

사례 채권자 甲, 채무자 乙, 채권액 1억 5천만원

부동산	시 가	소유자	2순위 저당권자·채권액
X가옥	1억원	채무자	丙 1억원
Y토지	2억원	채무자	丁 1억원

- Y토지 경매 甲 : 1억 5천만원, 丁 : 5천만원 배당
  丁의 나머지 : 5천만원 X가옥에 대위
- X토지 경매 甲 : 1억 5천만원 (X에서 1억, Y에서 5천)
  丙 : Y에서 5천만원
  丁 : Y에서 1억 배당

④ **대위등기** : 후순자 등이 다른 부동산의 경매대가에서 변제를 받을 때 대위등기 가능
  - 대위등기 없으면 다른 부동산의 제3취득자에 대항 (×)(판)

⑤ **적용 범위** : 모두 채무자 소유의 부동산인 경우에만 적용

   판례 동일인 소유의 토지 건물에 공동저당권이 설정된 후 건물이 철거 후 새 건물이 건축된 경우 ; 법정지상권 부인

4 선순위저당권자와의 관계

일괄경매 불가, 선순위저당권이 있는 부동산을 따로 경매

5 제3자(물상보증인)의 물건에 공동저당권이 설정된 경우

사례 X가옥 : 채무자소유, Y토지 : 물상보증인(A) 소유

부동산	시 가	소유자	2순위 저당권자·채권액
X가옥	1억원	채무자 乙	丙 1억원
Y토지	2억원	물상보증인 A	丁 1억원

1) Y토지가 먼저 경매된 경우 : 물상보증인이 X가옥에 대위(등기)
2) X가옥이 먼저 경매된 경우 : 丙은 Y에 대위 불가
3) 일부가 물상보증인 소유 : 채무자 소유의 부동산에서 먼저 배당 부족분이 있으면 물상보증인 소유부동산에서 배당(판)

PART 03 계약법

출제비율 24.8%

	구 분	25회	26회	27회	28회	29회	30회	31회	32회	33회	34회	계	비율(%)
계약법	제1장 계약총론	4	5	5	5	5	4	7	5	6	3	49	12.3
	제2장 계약각론	5	5	5	5	5	6	3	5	4	7	50	12.5
	소 계	9	10	10	10	10	10	10	10	10	10	99	24.8

계약총론

제 1 장
경록 에센스 노트

109강
계약서설(Ⅰ)

▶ 계약서설

★ 채권의 발생원인
  1) 약정채권의 발생원인 : 계약
     – 15가지의 전형계약 : 매매, 교환, 임차 등
  2) 법정채권의 발생원인 : 불법행위, 부당이득, 사무관리

1 계약의 의의

(1) **계약이란?**
    일정한 법률효과 발생을 목적으로 하는 복수당사자의 반대방향의 의사의 합치

(2) **광의의 계약** : 물권계약, 준물권계약, 신분계약

(3) **협의의 계약** : 채권계약만을 말한다.
    통칙 존재(성질이 허용하는 한 광의의 계약에 유추적용)

(4) **계약법의 특질** : 보편적 성질, 임의법규
    신의성실의 원칙 요구

2 계약자유의 원칙과 그 제한

(1) **계약자유의 원칙**
    사적자치의 원칙. 각자의 자유에 의한 법률관계 형성 승인
    독과점, 매점·매석, 부작용(부동산투기 등 시장지배와 경제력 남용)

(2) **내용**
    체결의 자유, 상대방 선택의 자유
    내용결정의 자유, 방식의 자유

(3) 계약자유의 원칙의 제한

빈부격차, 노사대립, 부동산 투기, 시장지배

1) 체결의 자유(상대방 선택 포함) 제한

　공공적 독점사업, 공증인 : 집행관 등의 업무, 매수청구권

2) 내용결정의 자유제한

　강행법규, 통제경제, 보통거래약관

3) 방식의 자유에 대한 제한

　은행이 체결하는 보증계약은 서면

4) 계약에 관한 행정적 규제 : 허가를 요하는 계약

　① 허가를 요하는 계약 : 일정한 토지거래, 학교법인(전통사찰, 향교)의 기본재산 처분

　② 신고를 요하는 계약 : 외국인의 토지취득

　③ 증명을 요하는 계약 : 농지취득자격 증명

110강 계약서설(Ⅱ)

▶ 약관규제에 관한 법률

1 약관규제에 관한 법률의 제정

(1) 약관의 의의

명칭 여하에 불문하고 일방당사자가 다수의 상대방과 계약체결을 위하여 일정한 형식에 의하여 미리 마련한 계약조항

(2) 약관의 이용과 규제의 필요성

대량거래에 신속거래 가능. 당사자 일방의 작성
→ 공정한 거래 침해 가능성

2 약관과 계약내용

(1) 구속력의 근거 : 합의(계약설)

　판례　상가분양시 업종제한 → 유효, 양수인에게도 유효
　판례　개별적 합의 : 당사자가 대등한 지위에서 충분한 검토가 있은 뒤 체결이면 합의대로 유효
　　　　합의에 의한 개별약정 : 주장하는 자가 입증

(2) 명시 설명의무(계약으로 편입)

1) 원칙 : 일반적 방법으로 명시. 중요내용을 이해할 수 있도록 설명
   - 설명이 없으면 계약내용으로 편입(×)

2) 예외(설명의무면제)
   ① 설명이 현저히 곤란하거나 법령에 규정된 사항
   ② 상대방이 알고 있거나, 거래상 일반적이고 공통적인 것

   > **판례** 보험약관이라 하더라도 거래상 일반적이거나 법령의 내용을 나열한 것(×)(설명 불요)

(3) 약관해석의 원칙

1) 작성자 불이익
2) 객관적·통일적 해석
3) 신의성실의 원칙

(4) 약관의 효력

1) 약관의 무효와 계약의 효력
   ① 신의칙에 반하여 불공정 조항 무효
   ② 일부 무효 : 일부 조항이 무효이더라도 나머지 조항은 유효

2) 불공정 추정(무효)
   ① 고객에게 부당하게 불리, 예상하기 어려운 조항
   ② 계약에 따르는 본질적 권리를 제한하는 조항

(5) 효력유지적 축소해석 또는 수정해석

계약 조항이 무효인 경우 : 조항 전부 무효선언 대신 효력 유지

> **판례** 무면허 운전 면책조항 : 모든 무면허 운전을 면책하는 것은 무효, 그러나 보험계약자나 피보험자의 명시적·묵시적 승인하에 이루어진 것으로 수정해석

▶ 계약의 종류

1 민법규정 여부에 따라서
(1) **전형계약** : 민법(채권법)이 규정하는 계약
(2) **비전형 계약** : 무명계약, 혼합계약

2 대가적 의미 여부에 따라서
(1) **쌍무계약** : 서로 대가적(상환적·교환적) 채무를 부담하는 계약
매매, 교환, 임대차, 고용, 도급 등. 소비대차 위임, 임치 등도 유상이면 쌍무계약
(2) **편무계약** : 당사자 일방만이 채무부담, 쌍방이 부담하더라도 대가적 의미(×). 증여, 사용대차, 현상광고 등. 소비대차 위임, 임치 등도 무상이면 편무계약
(3) **구별의 실익** : 견련성. 동시이행의 항변권과 위험부담 적용

3 대가적 출연 여부에 따라서
(1) **유상계약** : 계약당사자가 서로 대가적 출연(出捐)의무를 지는 계약
편무계약도 성립 시에 출연이 행해지는 (요물계약)은 유상계약
매매, 교환, 임대차, 고용, 도급 등. 현상광고 등
(2) **무상계약** : 당사자 일방만이 출연의무를 지거나 쌍방이 지더라도 대가성이 없는 경우. 증여, 사용대차
(3) **구별의 실익** : 유상계약에는 담보책임규정 준용

4 이행행위 등 요부에 따라서
(1) **낙성계약** : 합의만으로 성립
합의만으로 매매 성립. 목적물 이전이나 대금지급은 이행일 뿐
(2) **요물계약** : 합의 외에 목적물의 인도·이행 등 급부가 있어야만 성립. 현상광고, 매매에서의 계약금 계약 등

111강
계약서설(Ⅲ)

5 급부실현의 태양에 따라서

(1) **계속적 계약** : 급부의무가 일정 기간 계속되는 계약
　　소비대차, 사용대차, 임대차, 고용, 위임 등
(2) **일시적 계약** : 채권의 목적인 급부가 일정 시점에 집중된 계약
　　매매, 교환 등
(3) **구별의 실익** : 해지를 적용하느냐 해제를 적용하느냐?
　　사정변경의 원칙(예 차임증감청구권) 적용 여부

6 예약 / 본계약

(1) **예약**
　1) 의의 : 일정한 계약을 체결할 의무를 부담하는 계약
　2) 종류
　　① 편무예약 / 쌍무예약
　　　본계약 체결의 청약을 하면 상대방은 승낙의무를 부담하는 예약
　　　당사자 일방이 체결청약권을 가지는 경우가 편무예약, 쌍방이 가지는 경우가 쌍무예약
　　② 일방예약 / 쌍방예약
　　　예약완결권자가 의사표시를 하면 상대방의 승낙을 기다리지 않고 바로 본계약이 성립하는 예약. 당사자 일방만이 예약완결권을 가지는 경우가 일방예약, 쌍방이 가지는 경우가 쌍방예약
　3) 민법규정
　　① 매매의 일방예약에 규정하고 다른 유상계약에 준용
　　② 계약자유의 원칙상 모두 인정

(2) **본계약**
　1) 예약에 의하여 장차의 계약
　2) 본계약이 불능·불법 등 무효이면 예약도 무효

▶ 계약의 성립

1 서 설

(1) 계약은 당사자의 반대 방향의 의사의 합치에 의하여 성립한다.
(2) 3가지의 형태규정
(3) 계약비용은 당사자가 균분하여 부담(제566조, 제567조)

2 합의에 의한 계약의 성립

(1) 계약의 성립요건 → 합의

　의사표시의 내용적 일치(객관적 합의)와 상대방에 대한 일치(주관적 합의)

　[판례] 당사자 간의 합의의 정도

　　모든 사항에 관하여 합의가 있어야 하는 것은 아니나, 본질적 사항; 중요사항에는 합의가 있거나 장래 구체적으로 특정할 수 있는 방법과 기준 필요

　[판례] 타인 명의로 계약을 체결한 경우의 당사자 확정의 방법

　1) 행위자와 상대방의 의사가 일치하는 경우 ; 의사대로 명의자 또는 행위자로 확정. 그러지 않은 경우에는 계약의 성질·목적·체결경위 등, 구체적 사정을 토대로 상대방이 합리적이라면 명의자와 행위자 중 누구를 당사자로 이해할 것인가 결정
　2) 甲이 乙을 대리하여 丙 은행에 예금계좌 개설한 경우 : 乙의 실명증표를 제출하여 실명절차를 거친 경우에는 예금반환청구권 귀속자는乙

　★ 불합의와 착오
　　1) 불합의 : 계약 불성립
　　　① 의식적 불합의 : 변경을 가한 승낙
　　　② 무의식적 불합의 : 2개의 의사표시 사이의 간극
　　2) 착오와의 구별
　　　cf) 오표시 무해의 원칙

(2) 청약
　1) 청약의 의의 : 상대방 있는 의사표시(법률사실)
　2) 청약의 요건
　　① **청약자** : 특정인
　　② **상대방** : 불특정 다수인도 가능
　　③ **방법** : 묵시적 (○)
　　④ **내용의 확정성**

112강
계약의 성립(Ⅰ)

113강 계약의 성립(Ⅱ)

♣ 의사표시 후 도달 전 청약자의 사망, 행위능력 상실
1) 청약은 유효하다(111조 ②)
2) 당사자의 인격이 중요시되는 계약(위임, 고용)은 효력 상실

3) 청약의 유인
① 의의 : 상대방으로 하여금 자기에게 청약을 하도록 유인하는 행위
② 성실 : 의사표시 (×)

> [판례] 구인광고, 상품광고, 상가·아파트 분양광고, 경매나 입찰 공고, 정거장의 시간표 요금 게시

자판기 설치 → 청약

> [판례] 상가 분양 시 첨단오락타운 조성·운영 전문경영인에 의한 위탁경영을 통하여 분양계약자들에게 일정액 이상의 수익 보장 광고하고 상대방에게 광고내용을 설명하였다 하더라도 분양계약서에 기재하지 않았고 그 후의 상가운영 등에 비추어 볼 때 이는 청약의 유인에 불과

4) 청약의 효력
① 효력발생시기 : 도달
다만, 불특정 다수인에 대한 것 : 의사표시 알려진 때
② 청약의 구속력 : 철회 불가(제527조)
승낙기간까지 존속
③ 승낙적격(실질적 효력) : 승낙을 받을 수 있는 효력
승낙기간/상당기간까지 존재
④ 청약수령자의 지위
승낙여부는 자유, 낙부의 회답의 의무 (×)

> [판례] 기간 내 이의 없으면, 승낙 간주의 의미. 법적 구속력 (×)

(3) 승낙
1) 승낙의 의의·요건
① 묵시적 방법 (○)
② 상대방 : 특정의 청약자
③ 청약과 일치
조건을 붙이거나 내용을 변경한 승낙 : 청약을 거절함과 동시에 새로운 청약 간주

2) 승낙기간과 승낙의 효력발생시기
  ① 승낙기간이 정해져 있는 경우 : 승낙의 통지가 기간 내에 도달하지 않으면 승낙적격상실(제528조)
    특별한 사정 연착이면 지체 없이 통지. 통지하지 않으면 연착되지 않은 것으로 본다. 기간 내 도달로 되어 유효하게 계약 성립
  ② 승낙기간이 정해져 있지 않은 경우 : 상당기간의 경과로 승낙능력 상실. 승낙거절로 승낙적격상실

★ 연착된 승낙
  승낙의 효력(×), 새 청약으로 볼 수 있다.

★ 변경된 승낙
  승낙의 효력(×), 새 청약으로 본다(간주).

(4) 계약의 성립시기
  1) 격지자 간 : 기간 내 부도달을 해제조건으로 발신 시
  2) 대화자 간 : 특별규정(×)
    일반규정에 따라 승낙이 청약자에게 도달한 때에 성립

3 의사실현에 의한 계약의 성립

(1) 의의 : 청약자의 의사표시나 관습에 의하여 승낙의 의사표시가 필요하지 아니한 경우에 의사표시가 없어도 승낙의 의사표시로 인정되는 사실이 있을 때 계약 성립

(2) 요건
  1) 승낙의 통지를 필요로 하지 않은 경우 주문하지 않은 물건 소비
  2) 승낙의 의사표시로 인정되는 사실
    ① 승낙으로 취득하게 될 권리의 행사 : 청약과 함께 송부된 물건의 소비
    ② 계약상 채무이행으로 볼 수 있는 행위 : 주문받은 상품 송부
    ③ 계약상 채무이행준비 : 주문 장부에 기재

(3) 계약성립 시 : 승낙의 의사표시로 인정되는 사실 발생 시

> [판례] 금융기관의 직원이 받은 돈을 횡령하더라도 예금계약 성립

114강
계약의 성립(Ⅲ)

4 교차청약에 의한 계약의 성립

(1) **의의** : 쌍방 당사자가 내용이 같은 청약을 서로 행한 경우
(2) **인정근거** : 실질적인 의사의 합치
(3) **계약의 성립시기** : 양(늦은)청약 도달 시

▶ 계약체결상의 과실

1 의 의

(1) 민법 제535조는 목적의 불능으로 인한 손해배상으로 규정
(2) 판례는 불법행위 책임으로 보나 통설은 계약책임으로 보고 있다.

2 요 건

(1) 외견상 계약체결행위가 있었을 것
(2) 계약의 목적이 원시적·객관적 불능으로 무효일 것
  1) 특정물 인도를 목적으로 하는 계약에 있어서 계약 당시 멸실 또는 이행불능
  2) 매매 등 유상계약의 일부 불능은 이에 해당하지 않는다.
  > **판례** 원시적 일부 불능 제574조, 제572조 대금감액청구는 별론으로 하고, 계약체결상의 과실(×)
(3) 급부의무자의 악의 또는 과실
(4) 상대방의 선의 무과실 및 손해의 발생
  > **판례** 원고 토지매수 시 소송이 계속 중임을 알고서 매수, 매매계약이 이행불능의 것이라는 사정을 알았거나 알 수 있었을 것이니 피고에게 신뢰 이익의 손해배상 청구(×)

3 효 과

(1) **손해배상 책임**
(2) **손해배상의 범위** : 신뢰이익. 그러나 이행이익을 넘지 못한다.
(3) 신뢰이익을 원칙으로 하나, 이행이익보다 많을 수 있으므로 이 경우에는 이행이익을 넘지 않도록 정한 것

4 계약의 부당파기

🔖 계약의 부당파기 – 불법행위 책임

(1) 학교법인의 사무직원 채용시험의 합격자로 통지한 후 1년 뒤에 채용 불가 통지
(2) 당사자 일방이 교섭단계에서 계약이 확실하게 체결되리라는 정당한 기대를 부여하여 상대방이 이에 따라 행동하였으나 부당파기로 손해발생
(3) **손해배상의 범위** : 계약의 성립을 기대하고 이행을 위하여 지출한 비용은 상당 인과관계에 있는 손해
(4) **계약의 부당파기가 인격적 법익 침해인 경우** : 정신적 고통에 대한 손해 별도 청구
   – 경쟁입찰 참가 위하여 지출한 제안서, 견적서 작성비용 등은 불포함. 조형물 제작 계약체결을 미루다가 3년 후에 조형물사업 철회를 작가에게 통보한 경우(불법행위)

115강 계약의 효력(Ⅰ)

▶ 동시이행의 항변권(서설)

1 서 설
(1) 개관 : 쌍무계약에 관해서만 공통적 효력 규정
(2) 쌍무계약의 견련성
  1) 성립상의 견련성 : 일방채무의 불성립, 타방 채무도 불성립
  2) 이행상의 견련성 : 상대방의 채무가 이행된 때까지 자기채무의 이행 거절 – 동시이행의 항변권
  3) 존속상의 견련성 : 일방채무가 당사자의 책임 없는 사유로 소멸하면 타방채무도 소멸 – 위험부담

2 동시이행의 항변권
(1) 의의 및 성질
  1) 의의 : 쌍무계약에서 상대방이 채무이행을 않은 채 반대급부만을 청구해 오면 급부를 거절할 수 있는 권리
     인정 근거 : 공평의 원리(신의칙)

  ★ 동시이행관계를 인정
    - [판례] 부동산매매에서 근저당권 등기말소의무 = 대금지급의무
    - [판례] 이행불능으로 인한 손해배상채권도 상대채무에 동시이행

  ★ 동시이행관계를 부정
    - [판례] 채권담보목적의 가등기말소 = 채무변제(선)(×)
    - [판례] 주임법상의 임차권 등기말소 = 보증금 반환(선)(×)
    - [판례] 매수인 앞으로 소유권이전등기를 마치기 전 다시 매수한 제3자의 처분금지가처분신청등기 상태에서 매도인과 매수인 사이의 매매계약이 해제된 경우, 가처분등기의 말소 = 매도인의 대금반환의무(×)

(2) 성질
  1) 연기적 항변권
     상대방의 이행(이행의 제공)이 있을 때까지 청구권의 행사를 일시적으로 저지

2) 동시이행의 항변권과 유치권
   ① **공통점** : 인정 근거(공평)
   ② **차이점** : 물권과 채권, 발생원인, 거절할 수 있는 급부 내용, 타담보제공 소멸 등

▶ 동시이행의 항변권(성립요건과 효력)

116강
계약의 효력(Ⅱ)

1 성립요건

(1) 동일한 쌍무계약상의 양 채무 존재
  1) 별개 약정에 의한 채권 상호간 : 특약이 없는 한 (×)(판)
  2) 채무의 동일성 유지면 당사자의 변경(포괄승계, 채권양도, 채무인수, 전부명령 ○), 경개 (×)
  3) 일방채무의 소멸, 동시이행의 항변권도 소멸
     (본래채무의 변형(손해배상채무 등)이면 존속)

(2) 상대방의 채무가 변제기에 있을 것
  1) 선 이행의무자 : 원칙 – 항변권 (×)
  2) 예외
     ① 선 이행의무 지체 중 상대방 의무 변제기 도래
        🟢판례 중도금지체 후 매도인의 이전의무 변제기 도래 : 항변 가능
        그 때부터 매수인은 중도금 미지급 지체 책임 (×)
     ② 상대방의 현저히 이행곤란 사유(제536조 ②)
        🟢판례 상대방의 신용불량, 재산상태의 악화(불안의 항변)

(3) 상대방이 자기채무의 이행 없이 청구를 해 올 것
   수령(채권자)지체 중이더라도 이행제공이 불계속 : 항변 가능

(4) 항변권의 원용
   단, 이행지체의 저지, 상계금지의 효과는 존재로부터 발생

(5) 동시이행의 항변권의 확장 : 공평의 원리

> 판례 비쌍무계약에서도 양 채무가 동일한 법률요건으로부터 생겨서 공평의 관점에서 보아 견련적으로 이행시킴이 마땅한 경우(피고가 원고에게 소외회사에 대한 권리 포기 대가로 금원을 지급하기로 한다는 약정)

> 판례 신탁계약에 있어서 위탁자(수익자)가 부담하는 신탁비용 및 신탁보수 지급의무와 신탁 종료 시에 수탁자가 부담하는 신탁재산을 이전할 의무

★ 동시이행의 항변권의 확장
  1) 법규에 의한 인정
     ① 계약해제로 인한 원상회복(제549조)
     ② 매도인의 담보책임(제583조)
     ③ 가등기담보의 청산금 지급과 본등기 및 이전의무
  2) 판례에 의한 인정
     ① 임차인의 목적물반환의무와 임대인의 보증금 반환
     ② 변제와 영수증반환(cf. 담보용 어음)
     ③ 계약이 취소된 경우의 반환의무
     ④ 채무변제와 담보용 어음·수표의 반환
     ⑤ 토지임대차에서 임차인의 건물매수청구
     ⑥ 부동산매매계약에서 매수인부담약정의 부가가치세 지급(매매대금과 별도 지급 특약이 없는 한) 매도인의 소유권이전 의무
     ⑦ 중간생략등기 합의 후 (최초매도인과 중간자의 대금인상 합의 후) 최초매도인의 이전의무와 인상된 매매대금의 지급의무
     ⑧ 구분소유적 공동소유 해지, 상호간의 지분이전의무

2 항변권의 효력

(1) **이행거절의 권능**(연기적 항변) : 주장 요건
  – 사실상 상대방의 이행담보

(2) **이행지체의 저지** : 손해배상·계약해제 불발생. 주장 불요

(3) **상계금지의 효과**
  항변권이 붙은 채권을 자동채권(상계의 의사표시를 하는 채권)으로 상계금지

(4) **소송상의 효력** : 상환급부판결

3 동시이행의 항변권의 남용

📜 상대방이 의무이행(하자보수)에 과다한 비용 소요 또는 어려운 반면 항변권자가 얻는 이득(공사대금)은 크지 아니하여, 그 행사가 채무이행의 회피수단인 경우 그 항변권의 행사는 권리남용으로서 배척

▶ 위험부담

1 의 의
쌍무계약상의 일방채무가 채무자의 책임 없는 사유로 이행불능·소멸한 경우에 그에 대응하는 반대급부가 소멸하는가의 문제

2 입법주의 : 채무자주의, 채권자주의, 소유자주의

3 민법의 입장
(1) 채무자주의를 채택하고, 다만 공평의 원칙상 채권자의 귀책으로 인한 이행불능인 경우에는 채권자가 위험부담
(2) 부동산의 위험이전시기는 원칙적으로 등기 시이지만, 인도가 먼저 이루어진 경우에는 인도 시이다.

4 채무자위험부담주의
(1) 요건
   1) 쌍무계약의 대가적 채무 ; 편무계약에는 위험부담 (×)
   2) 일방채무의 후발적 불능
   3) 당사자 쌍방의 책임 없는 사유
      ① 천재지변 등 불가항력, 제3자의 행위
      ② 채무자의 귀책사유면 불법행위

   📜 지방공사가 아파트 분양공고·계약체결 시 부지에 대한 문화재 발굴조사과정에 유적지 발견으로 건설사업이 불가능 곤란하게 될 것을 알았음에도 수분양자에게 설명하지 않았고 수분양자가 위험을 인수한 것도 아니어서 공사에 귀책사유

117강
계약의 효력(Ⅲ)

(2) 효과

1) 반대급부청구권의 소멸 : 자기채무 소멸. 반대급부 청구(×)
2) 이미 이행한 반대급부의 반환 : 계약금, 중도금 등
3) 일부불능의 경우 감액 : 채무자는 불능인 범위 내에서 채무 면함과 동시에 대금감액 등 반대급부청구권도 소멸. 차임감액 청구(제627조)
4) 대상청구권 : 채무자가 목적물에 대신하는 이익을 반환청구
   - 판례 토지수용에서 보상금반환청구권 인정
5) 위험부담에 관한 규정 = 임의규정

5 채권자위험부담주의

(1) 요건

1) 채권자의 귀책사유로 인한 이행불능 : 채무자의 반대급부청구권
   - 예 이삿짐 운송계약에서 운송인(채무자)는 약정 시간에 차량준비하고 도착. 이사가는 자의 사정으로 불가하게 된 때 : 운임 지급이 원칙
2) 채권자지체 중의 이행불능
   - 예 소 매도인이 인도일에 수령을 지체하다가 강변에 매어둔 소가 홍수로 떠내려 간 경우 : 소값 지급

(2) 효과

1) 채권자의 위험부담 : 채무자의 채무 소멸. 반대급부 청구권 존속
   - 판례 사용자의 부당한 해고가 무효 취소 → 근로자의 임금청구
2) 이익상환의무
   - 판례 부당해고기간 중의 다른 직장에 종사하여 얻은 이익 상환

▶ 제3자를 위한 계약

1 의의 및 3면 관계

(1) 의의

계약당사자가 아닌 제3자로 하여금 직접 계약으로부터 생기는 권리를 취득케 하는 계약. 보험, 운송, 병존적 채무인수, 공탁

(2) 3면 관계

1) 보상관계(요약자와 낙약자)

   기본관계의 무효 취소 등 → 계약의 효력에 영향

   🔖 판례 계약해제와 급부한 것의 반환청구의 상대방 : 제3자(×)

2) 출연(대가)관계(요약자와 제3자)

   결여에도 계약에 영향(×), 부당이득반환의 문제

   🔖 판례 낙약자는 요약자와 수익자 사이의 법률관계에 기한 항변으로 수익자에게 대항하지 못하고, 요약자도 대가관계의 부존재나 효력의 상실을 이유로 낙약자에게 부담하는 채무이행 거부(×)

3) 급부관계(낙약자와 수익자)

   제3자는 낙약자에게 수익의 의사표시를 하여야 하며, 그리하면 제3자의 권리가 확정된다.

2 구별되는 법률관계

(1) 부진정 제3자를 위한 계약(이행의 인수)

채무자와 인수자의 채무인수계약. 제3자는 직접 인수자에게 권리를 취득(×)

(2) 제3자에게 의무를 부담하게 하는 계약

제3자의 동의 필요   🔖 판례 부담부증여

(3) 법률행위의 대리

대리에서는 수권 필요. 제3자를 위한 계약에서는 수권 불요

118강
계약의 효력(Ⅳ)

제1장 계약총론 | 183

119강 계약의 효력(Ⅴ)

3 성립요건
(1) **기본관계**(보상관계)**의 유효**
(2) **제3자 수익약정**(제3자 약관)
(3) **수익자의 특정** : 성립 시에 수익자 특정 (×)
(4) **계약의 목적** : 채권, 물권

> 판례 낙약자가 제3자의 채무면제하는 약정(○)

4 제3자의 지위
(1) **기본적 지위**
  1) 당사자 (×) 해제권, 취소권 (×)
  2) 제3자 보호규정 적용 (×)
(2) **수익의 의사표시 전**
  1) 형성권의 유보
  2) 형성권의 양도·상속 : 10년의 제척기간에 걸린다.
  3) 소멸(존속기간, 당사자의 합의, 낙약자의 최고)
(3) **수익의 의사표시 후**
  1) 권리취득 : 낙약자 상대 의사표시로 직접 권리 취득
      낙약자의 채무불이행이 있는 경우 손해배상청구권
  2) 제3자의 권리소멸 변경금지
  3) 손해배상청구권
  4) 해제권, 취소권의 부정

5 요약자의 지위
(1) **제3자에 대한 급부청구권** : 제3자의 수익의 의사표시 전에도 존재
(2) **계약해제권**

> 판례 제3자의 동의 불요

6 낙약자의 지위

(1) 급부의무·반대급부청구권

(2) **항변권** : 계약에 기한 항변으로 제3자에게 대항

▶ 계약의 해제

120강
계약의 해제·해지(Ⅰ)

1 의 의

(1) **개념**

당사자 일방의 의사표시에 의해 유효한 계약관계를 해소하고, 계약이 존재하지 않았던 상태로 복귀하는 것. 단독행위

(2) **해제계약**(합의해제)

> 판례 민법규정 적용(×), 소급적 무효, 제3자 보호규정 적용.
> 채무불이행이 아니므로 특약이 없는 한 손해배상청구(×)

> 판례 당사자 쌍방의 묵시적 합의해제 인정하기 위한 정도 : 방치만으로 부족. 계약 실현의사 없거나 포기할 의사가 있을 정도에 이른 경우

(3) **취소와의 구별** : 대상, 사유, 효과에 차이

(4) **해제조건과의 구별**

 1) 해제조건의 성취 : 해제권의 행사·소급효 있는 해제와 구별

 2) 실권약관(해제조건부 계약) : 채무불이행의 경우에 의사표시 없이 계약의 효력 상실. 일종의 해제조건부계약

(5) **철회와의 구별**

아직 효력을 발생하지 않는 법률행위에 대하여 효력발생 저지

2 해제, 해제권의 성질

(1) **해제** : (상대방 있는) 단독행위

(2) **해제권** : 형성권. 해제권만의 양도(×), 당사자 및 승계인만이 행사

(3) **약정해제권과 법정 해제권**

121강
계약의 해제·해지(Ⅱ)

▶ **해제권의 발생**

1 약정해제권의 발생

(1) 해제권의 유보
(2) 계약금의 수수(제565조)

2 법정해제권의 발생(채무불이행)

(1) 이행지체로 인한 계약해제

　1) 최고를 요하는 경우

　　① 채무자의 이행지체

　　　㉠ 이행이 가능함에도 채무자의 고의·과실로 불이행
　　　㉡ 이행지체가 위법할 것 : 정당한 사유(동시이행, 유치권)(×)
　　　㉢ 채무자가 동시이행의 항변권을 가지는 경우 : 채권자는 미리 이행제공

　　　　🔖 동시이행관계에 있는 쌍무계약에서는 해제권자는 자기 채무의 이행제공(이행의 준비를 완료)하고 상대방에게 통지하여 최고해야, 지체에 빠뜨릴 수 있다. 이행의 준비 태세(×)

　　　　🔖 이행불능으로 인한 해제 → 잔금 이행제공 불요

　　② 최고

　　　㉠ 채무자에게 일정기간 내에 이행할 것을 청구. 성질은 의사의 통지
　　　㉡ 일정기간 명시 없이 최고로부터 상당기간 경과면 해제권 발생
　　　㉢ 현저히 과다최고는 계약 해제(×)

　　　　🔖 정지조건부최고 : 일정기간 내에 이행이 없으면 자동해제 (유효성)

　　　　🔖 과다최고의 효력 : 본래의 급부의 범위 내에서 유효
　　　　　현저히 과다, 청구금액이 아니면 수령거절이 분명(×)

　　③ 유예기간 내 불이행
　　　해제권은 유예기간이 만료한 때 발생

2) 최고를 요하지 않는 경우

① 정기행위

㉠ 계약의 성질이나 당사자의 의사표시에 의하여 일정기간 내에 이행하지 않으면 의미가 없는 급부(예 결혼예복 주문)

㉡ 이행지체 즉시 해제권 발생

② 기한 없는 채무 : 이행청구 받은 때로부터 이행지체. 별도의 이행청구 불요

③ 해제권발생 경감특약 : 최고 없이 경감 특약 유효

(2) 이행불능으로 인한 계약해제

1) 이행불능

① 후발적 불능, 채무자의 귀책, 지체 후 불능 = 이행불능

② 불능이 위법이어야 한다.

2) 최고 불요

① 최고해도 불능

② 이행기까지 기다리지 않고 해제 가능

> 판례 매매목적물에 근저당권이 설정된 경우 → 바로 이행불능 (×)
> 미리 이행하지 아니할 의사를 표시한 경우가 아니면 말소 최고 후 해제

(3) 불완전 이행

1) 의의

① 이행행위가 있어야 한다.

② 이행이 급부의 내용에 좇은 것 (×)

③ 채무자의 귀책, 위법

2) 최고 요부

① 완전이행 불가능 : 최고 불요

② 완전이행 가능 : 최고 요건

3) 부수적 채무불이행

주된 급부의무 이외의 부수적 의무 불이행은 해제사유 (×)

> 판례 여러 필지의 임야의 일부에 분묘
> 판례 매수인이 검인계약서상의 매매대금을 과표대로 작성 (×)

122강
계약의 해제·해지(Ⅲ)

(4) 채무자의 이행거절로 인한 계약해제
1) 채무자가 미리 자기채무를 이행하지 아니할 의사를 표시한 때
2) (이행지체 전, 후 불문)이행기일 기다릴 필요 없이 즉시 해제

- ★ 채무자의 이행거절로 본 판례
  - 판례 매수인이 근거 없는 대금감액을 주장하면서 소유권이전에 필요한 등기명의인조차 지정하지 않은 경우
  - 판례 쌍무계약 당사자 일방이 자기채무의 이행을 하지 않으면서 자가채무이행완료 주장하면서 상대방의 이행청구소송 제기
- ★ 채무자의 이행거절로 보지 않은 판례
  - 판례 채무자가 이행기가 도래하지 않았다고 믿을 만한 이유로 이행거절(후인 판결로 도래 확정)

(5) 사정변경
1) 의의 : 계약 당시 예상할 수 없었던 현저한 객관적 사정변경으로 계약대로의 구속력을 인정하는 것이 신의칙에 반하는 경우 계약해제를 인정할 것인가?
2) 판례는 부인, 계약의 해지에서는 인정

(6) 채권자지체로 인한 해제
1) 의의 : 다수설은 채권관계에 있어서의 협력의무 위반, 즉 채무불이행의 일종으로 보아 해제권 인정(판례 아직 없음)
2) 최고 : 상당기간 최고 후 해제(다)

▶ 해제권의 행사
1 해제의 방법
(1) **행사방법** : 상대방에 대한 의사표시. 서면 / 구두
(2) **조건과 기한**
   붙이지 못한다. 다만, 최고기한 내에 이행하지 않으면 자동해지는 유효
(3) **철회 불가** : 상대방의 승낙이 없으면
(4) **제척기간** : 10년

★ 중도금과 잔대금의 이행지체 시 자동해제
- 판례) 중도금을 약정일자에 지급하지 않는 경우 : 불이행 자체로 해제
- 판례) 잔대금을 약정일자에 지급하지 않는 경우 : 불이행 자체로 해제되지 않고 해제하려는 자가 이행제공으로 채무자를 이행지체에 빠뜨려야 한다.

2 해제권의 불가분성
(1) 행사의 불가분성
(2) 소멸의 불가분성
(3) 임의규정(판)
(4) 예외
  1) 명의신탁에 있어서 수탁자가 수인(數人)인 경우
    일부 수탁자에 대한 해지 : 일부의 자에 대해서만 효과
  2) 공유부동산을 형식상 하나의 계약으로 동일인에게 처분
    매수인의 대금지급 불이행으로 인한 해제는 각 지분자가 가능

▶ 해제의 효과

1 해제의 소급효
(1) 원칙 : 계약으로 발생한 채권, 채무소급적 소멸, 이행된 것 반환의무
  판) 계약해제로 인한 물권의 당연복귀
(2) 소급효의 제한
  1) 제3자 보호 : 제3자의 권리를 침해하지 못한다(제548조 ① 단서).
    제3자 : 등기 인도 등 완전한 권리취득자(판)
  2) 보호되는 제3자
    목적물의 물권취득자, 목적물(가)압류채권자. 대항력 있는 임차인
(3) 계약해제에 대항할 수 없는 자(보호받지 못하는 자)
  1) 계약상 채권 양수인
  2) 계약상의 채권에 대한 압류 전부 채권자

123강
계약의 해제·해지(Ⅳ)

3) 토지매매 해제에서 그 지상건물 양수인

4) 아파트 분양신청권의 전전매매 후 최초의 매매당사자가 합의 해제한 경우의 전전매수인

5) 전세권한을 부여받은 매수인으로부터 임차권을 설정받은 임차인

6) 매도인의 가처분등기 후의 가압류채권자

7) 제3자를 위한 계약에서의 수익자

(4) 해제 후의 권리취득자

> 판례 선의자에 한하여 보호

2 원상회복의무

(1) **제548조**(해제의 효과, 원상회복의무)**의 범위**

1) 미이행의무 → 소멸 기(旣) 이행의무 → 원상회복의무(부당이득의 특칙)

2) 성질 → 제741조의 현존이익 반환의무의 특칙

(2) **원상회복의 범위**

1) 원물반환/가액반환(원물의 멸시훼손, 노무 등)

2) 금전 반환 : 받은 날부터의 이자 가산. 이행지체(×). 동시이행의 항변도 동일

> 판례 일반적인 해제 : 현존여부나 선·악, 동시이행에 관계없이 받은 이익 전부 반환

> 판례 금전반환시의 이자
> ① 동시이행여부와 무관. 법정이자(5%) 지급(약정해제도 동일)
> ② 당사자 간에 이율에 관한 약정이 있는 경우 ; 지연손해금도 동일. 약정이율이 더 낮을 때는 법정이율에 의한 손배청구도 가능

> 판례 합의해제 : 약정이 없는 이상 이자를 가산할 의무 없다.

3 손해배상

(1) 해제와 양립. 약정해제(×), 합의해제(×)

  범위 : 이행이익(원칙)

(2) **적용범위** : 약정해제나 합의해제에는 다른 사정이 없는 한 손해배상 청구(×)(판)

(3) 손해배상의 범위

  1) 이행이익(원칙, 종래의 판례) ; 손해배상(전보배상)

  2) 신뢰이익(예외)도 있다.

(4) **동시이행의 관계** ; 원상회복의무뿐만 아니라 손해배상도 동시이행(판)

124강 계약의 해제·해지(Ⅴ)

▶ **해제권의 소멸**

1 소멸원인

(1) 일반적 원인

  1) 채무자의 이행의 제공

  2) 해제권의 실효 : 해제권이 상당기간 행사되지 아니한 결과 행사가 이루어지지 아니할 신뢰할 만한 사유. 신의칙에 따라 소멸

  3) 제척기간(10년) 만료

  4) 해제권의 포기

(2) 해제권 특유의 소멸원인

  1) 상대방의 최고 : 해제권자에게 상당기간을 정하여 최고. 해제의 통지를 받지 못하면 소멸

  2) 목적물의 훼손·반환 불능·가공·개조 ; 해제권자가

  3) 다수당사자 중 1인의 소멸 : 해제권의 불가분성

▶ **계약의 해지**

1 의의·성질

(1) 의의

  1) 일방당사자의 의사표시에 의하여 계속적·회귀적 급부를 목적으로 하는 계약을 장래를 향하여 소멸케 하는 것 – 해지가 인정되는 계약

  2) 소급효가 없다는 점에서 해제와 구별

3) 해지가 인정되는 계약 : 소비대차, 사용대차, 임대차 등 계속적 계약
4) 이행 시작 전에는 해제의 대상

(2) **성질** : 단독행위, 형성권

2 해지권의 발생 및 소멸

(1) 해지권의 발생

1) 약정해지권의 발생
   ① 기간의 정함이 없는 계약. 해지권의 유보
   ② 약정해지 사유가 일방에게 지나치게 불리하면 무효

2) 법정해지권의 발생
   ① 법률규정 : 해제와 달리 일반적 해지사유 (×)
      임차인의 무단전대, 임차인의 의사에 반하는 임대인의 보존행위
   ② 사정변경에 의한 해지권 인정
      🔖 판례 회사 임직원의 회사채무 보증계약

(2) **해지권의 소멸** : 제척기간의 만료, 해지권의 포기

3 해지권의 행사

(1) 상대방에 대한 단독행위
(2) 철회 (×)
(3) 불가분성

4 해지의 효과

(1) **계약관계의 비소급적 소멸** : 해지 이전에 발생한 채무 중 이미 미이행 채무는 이행, 이행한 것은 그대로 보유
(2) **청산의무** : 임대차보증금의 반환 등
(3) **손해배상**
   🔖 판례 임대차에서 목적물의 법률적 제한으로 목적을 다할 수 없는 경우 : 해지 (○) 해제 (×)

계약각론

125강
매매(Ⅰ)

▶ **매 매**

1 의의 및 성질

(1) 의의 : 당사자의 일방이 재산권 이전을 약정하고, 상대방이 대금 지급을 약정함으로써 성립

(2) 성질
  1) 쌍무·유상계약
    – 다른 유상계약에의 준용
  2) 낙성·불요식 계약

  ★ 현실매매
    1) 계약과 동시에 목적물과 대금 서로 교환. 매매
    2) 위험부담, 동시이행의 항변은 생기지 않으나 담보책임은 성립

(3) 매매의 목적
  1) 재산권 이전
    ① 법률상 처분이 가능한 것
    ② 타인의 물건도 유효, 현존 불요
  2) 대금의 지급 : 금전(외화표시, 통용력)

2 매매의 성립

(1) 매매의 예약
  1) 의의 : 장래 일정한 계약을 체결할 의무를 부담하는 계약
  2) 법적 성질 : 예약완결권자의 완결조건의 정지조건부 매매
  3) 종류
    ① 편무예약과 쌍무예약
    ② 일방예약과 쌍방예약
    ③ 일방예약의 추정(제564조)

4) 일방예약이 성립하려면, 본계약의 요소가 확정 또는 확정될 수 있어야 한다.
5) 예약완결권
   ① 의의 : 예약완결권자가 상대방에 대하여 매매 완결의 의사표시를 할 수 있는 권리
   ② 성질 : 형성권, 양도성, 부동산이면 가등기 가능
   ③ 행사기간 : 당사자가 정하는 기간
   기간의 정함이 없는 때에는 상대방의 최고·기간 내에 확답이 없는 때 소멸
   제척기간(10년) 경과로 소멸
   수인의 예약완결권자 ; 전원이 기간 내 행사해야 한다.
   ④ 예약완결권 행사로 매매계약 성립

126강 매매(Ⅱ)

▶ 계약금

1 의의 및 계약금 계약

(1) **계약금** : 매매계약에서 일방이 타방에게 교부하는 금전 기타의 유가물

(2) **계약금 계약**

1) 요물계약

   > 판례 계약금지급 약정만 한 경우 : 계약금에 의한 해제 (×)
   > 계약금 지급불이행 이유로 계약금계약 해제 : 계약금계약이 없었더라면 매매계약을 체결하지 않았을 것이라는 사정이 없는 한 주계약도 해제 (×)

2) 종된 계약. 계약의 동시성 (×)

2 계약금의 종류

(1) 증약금

(2) 위약금 : 채무이행의 확보를 위하여 지급 약정

1) 손해배상액의 예정 : 채무불이행 시 교부자는 몰수당하고, 수령자는 배액 상환. 이에는 당사자의 합의 필요

   📘 판례 계약금은 위약금으로 하기로 하는 특약이 없는 이상 당사자 일방의 귀책사유로 해제되더라도 상대방은 계약불이행으로 실제로 입은 손해를 배상받을 수 있을 뿐 계약금이 당연히 상대방에게 귀속(×)

2) 위약벌 : 계약을 간접적으로 강제하는 작용. 위약 시 상대방에게 귀속. 손해배상이라기보다 벌전금. 별도의 손해배상청구 가능

(3) 해약금 : 해제권의 유보 - 당사자에게 해제의 자유 인정

손해배상 발생 (×)

📘 판례 국토법상의 무허가 토지매매도 계약금에 의한 해제 가능

127강
매매(Ⅲ)

▶ 해약금의 추정

1 제565조(해약금)

계약금, 보증금 등 명칭 무관하게 해약금 추정

2 해제방법 및 시기

(1) 다른 약정이 없는 한 이행의 착수시까지

교부자는 포기하고, 수령자는 배액상환하고 해제

📘 판례 다른 약정에 해당하지 않는 내용

매도자 위약 시 배액상환, 매수자 위약 시 반환청구불가

(2) 이행의 착수

의의 : 객관적으로 외부에서 인식할 수 있는 일부 이행 또는 필요한 전제행위(이행의 준비 ×)

📘 판례 약정된 이행기 이전에도 착수 가능

📘 판례 일방당사자에는 상대방뿐만 아니라 착수자도 포함

제2장 계약각론

★ 이행착수를 인정한 판례
- 🏷️ 잔금지급 의사표시 후에 매도인의 태도에 의심이 들어 처분금지 가처분신청을 한 경우 → 이행의 착수
- 🏷️ 원고가 피고의 동의하에 계약금 및 중도금 조로 어음(제3자 발행 은행도 어음 : 정상 결제) 교부
- 🏷️ 이행착수 후 당초 계약을 유지하면서 수수된 계약금과 중도금의 합계금을 새로운 계약금으로 하여 잔금지급일자를 정한 경우, 재계약상의 계약금의 배액상환 또는 포기로써 해제권 행사(×)

★ 이행착수를 인정하지 않은 판례
- 🏷️ 이행기 전에 매수인이 잔금 제공 없이 단순히 수령을 최고한 경우(×)
- 🏷️ 매도인이 이행최고 후 매매대금 지급 청구 소송(×)
- 🏷️ 허가구역으로 지정된 토지 안에서 무허가 토지 거래 후 허가를 받은 것 → 이행의 착수(×)

(3) 행사의 방법
1) 교부자는 의사표시
2) 수령자는 배액상환
3) 수령거절 시는 공탁 불요(판)

3 해제의 효과
(1) 계약의 소급적 무효, 원상회복의무(×) 손배(×)
(2) 계약금을 위약금으로 하는 특약 : 손해배상액의 예정으로서의 성질

🏷️ 계약금을 위약금으로 하는 특약 : 손해배상액의 예정으로서 과다한 경우 제398조 ①에 의한 감액이 가능하다.

▶ 계약비용의 부담
(1) **쌍방이 균분** : 임의규정
(2) **비용** : 이행 또는 수령비용 불포함
 1) 측량평가비, 계약서 작성비 포함
 2) 등기비용(×)

128강 매매(Ⅳ)

▶ 매매의 효력

1 매도인의 권리·의무

(1) **재산권 이전의무** : 부담이 없는 완전한 권리 이전
(2) **목적물 인도의무** : 이전·설정 등기와 인도. 종물, 종된 권리도 이전
(3) **동시이행**
  1) 재산권 이전 + 인도 = 대금지급의무와 동시이행
  2) (제한 물권, 처분 제한 등) 부담제거의무 = 대금
(4) **과실의 귀속**
  1) 매도인 귀속 : 인도 전(이행지체 시도 동일)
  2) 매수인 귀속 : 대금 완납 후, 목적물 인도 후

2 매수인의 권리의무

(1) **대금지급의무**
  1) 이행기 : 일방의무의 기한은 상대방에게도 동일기한 추정
  2) 이자의 지급 : 인도받은 날부터 이자지급. 지급기한이 있는 때 (×)
  3) 지급장소 : 채권자의 현주소. 동시이행이면 목적물 인도 장소
(2) **대금지급거절권**
  1) 권리 주장자가 있어 권리를 잃을 염려 있는 경우, 대금지급거절권
  2) 이에 대하여 매도인은 공탁 청구
  3) 동시이행의 항변권 있으면 지급 거절
(3) **목적물수령의무**

> **판례 인정**
> 매수인(채권자)은 매도인의 이행제공을 수령할 의무가 있고 이행지체 시에는 불가항력에 의한 이행불능에도 채권자에게 책임이 있다.

3 매도인의 담보책임

(1) 서설

1) 담보책임의 의의
   ① 매매목적물(권리)에 하자가 있는 때 매도인이 매수인에 대하여 부담하는 책임
   ② 공평의 원칙, 거래의 신용유지 취지

2) 성질
   ① 법정책임
      ⓐ **법정책임설** : 매매의 유상성과 매수인 보호, 동적 안전 보장
         채무불이행책임설 : 계약당사자에 의해서 약정
      ⓑ 판례는 제570조, 제572조, 제581조는 채무불이행책임(이행이익 배상) 그 외의 담보책임은 법정책임(신뢰이익배상)을 취하고 있다.
   ② 무과실책임 : 귀책사유 불요

3) 적용범위
   ① 특정물 매매 / 불특정물 매매
   ② 원시적 일부불능(수량 부족)에 적용

4) 담보책임의 내용
   대금감액, 계약해제, 손해배상청구, 완전물 급부청구

5) 채무불이행과의 관계
   ① **타인권리의 매매** : 매수인의 계약해제(제570조) 손배청구불가(단서) 매도인의 귀책사유인 때에는(제546조 : 이행불능, 제390조 : 채무불이행과 손해배상) 손해배상청구 가능(판례)
   ② 토지매도인이 성토작업에 다량의 폐기물을 은밀히 매립. 매수자가 폐기물처리비용부담. 매도인은 불완전이행에 의한 손해배상과 하자 있는 토지매매(제580조)의 경합(판례)
   ③ 물건(공기조화기)의 하자(a/s부실)로 인한 확대 손해(화재발생으로 유리온실, 장미나무 소실) : 매도인에 화재발생에 대한 귀책사유 필요(판)

129강 매매(Ⅴ)

▶ 권리의 하자에 대한 담보책임

1 전부가 타인의 권리

(1) 요건

매매목적물이 타인 귀속, 이전 불능

- 판례 부동산 매수인(처분 권한 有)이 이전등기 없이 제3자에게 전매 (×)
- 판례 명의신탁자의 명의신탁 부동산 매매 (×)

(2) 내용

1) 계약해제(선·악), 손해배상청구(선의의 매수인)
2) 선의의 매도인 보호 : 계약해제, 선의의 매수인에 손해배상
   악의의 매수인에 손해배상 없이
3) 제척기간의 제한 (×)

2 일부가 타인의 권리

(1) 요건

1) 권리의 일부가 타인에게 귀속(공유자의 공유물 매매)
2) 이전불능

(2) 내용

1) 계약해제(목적달성 불능)
2) 손해배상청구(선의의 매수인, 불능시의 이행이익) (판)
3) 대금감액청구(선, 악)
4) 제척기간 1년(선, 악)

3 수량부족, 일부멸실

(1) 요건

1) 계약 시부터 수량부족, 일부멸실. 수량지정매매
2) 선의의 매수인, 특정물 매매에만 적용

- 판례 등기부상 평수라도, 대상토지 특정의 방편 (×)
- 판례 임의경매 법원이 등기부상의 면적으로 가격평가 (×)
- 판례 건물의 일부 임대차에서 일정 면적 표시 (○)

> 판례 일정한 면적이 있는데 주안을 두고, 면적 기준으로 아파트분양계약을 한 경우 (○)
> 판례 수량지정 매매라 하더라도 아파트 대지를 실제와 다르게 알고 있는 것이 아니라 분양 후 아파트 대지 일부를 시에 기부채납함 경우(후발적 불능) (×)

(2) 내용
1) 계약해제(잔존 부분이면 매매 ×)
2) 손해배상청구, 대금감액
3) 제척기간 1년

130강
매매(Ⅵ)

4 제한물권에 의한 제한
(1) 요건
1) 목적물에 지상권, 지역권, 전세권, 질권, 유치권, 대항력 있는 임차권
2) 매수인 선의

(2) 내용
1) 계약해제(목적달성 불능)
2) 손해배상청구
3) 제척기간 1년

5 저당권·전세권의 행사
(1) 요건
1) 저당권, 전세권의 행사로 목적물 취득 불가
2) 소유권취득 후 저당권, 전세권의 행사로 권리를 잃은 경우
   > 판례 가등기된 부동산 매수인이 본등기 된 때
3) 제척기간 (×)

(2) 내용
1) 권리를 잃거나 취득할 수 없는 경우
2) 선악 불문 계약해제, 손해배상청구
3) 매수인의 출재가 있는 경우 : 상환청구, 손해배상

★ 권리의 하자로 인한 담보책임

종류	매수인	해제	대금감액	손배	제척
권리 전부가 타인에 귀속	선의	○	규정×	○	×
	악의	○	규정×	×	×
권리 일부가 타인에 귀속	선의	△	○	○	1년
	악의	×	○	×	1년
일부멸실, 수량부족	선의	△	○	○	1년
	악의	×	×	×	—
타인에 의한 권리제한	선의	△	×	○	1년
	악의	×	×	×	—
저당권이나 전세권 실행	선·악의	경매	규정×	경매	×

▶ 물건의 하자에 대한 담보책임

1 요건

(1) 매매목적물의 하자

1) 특정물이든 불특정물(종류물)이든 무관
2) 목적물이 당사자 쌍방이 합의한 품질이나 성능을 갖지 못하거나 일반적으로 기대되는 통상의 품질·성능을 갖지 못하는 경우

🏛 판례 매도인의 카탈로그나 검사성적서 제시 → 성능 보증

🏛 판례 목적물의 법률적 하자 – 목적물의 하자

하자의 존재시기(특정물 → 계약체결 시, 불특정물 → 특정 시)

(2) 매수인의 선의·무과실(매도인 입증, 통)

2 내용

(1) 특정물 매매

계약해제(목적달성 불능), 손해배상, 제척기간(6월)

(2) 불특정물 매매

계약해제(목적달성 불능), 손해배상, 완전물급부청구

131강
매매(Ⅶ)

> 판례 신차를 구입했는데 계기판에 하자가 있는 경우 ;
> 계기판 모듈 교환해 주면 족하고 새 차로 교환해 줄 필요는 없다.
> 제척기간(6월)

▶ 채권매도와 담보책임(채무자의 자력담보)

1 매도인이 채무자의 자력담보특약

채권 매도인이 채무자의 자력을 담보특약을 했으나 자력이 없거나 부족한 경우

2 자력담보 기준시기

(1) 변제기 도달 → 매매계약 시 자력
(2) 변제기 미도달 → 변제기의 자력

3 내 용

(1) 변제받지 못한 손해배상
(2) 담보한 시기에 있어서의 채권액(이자 포함)

▶ 경매에서의 담보책임

1 요 건

권리의 하자(경매된 권리의 전부, 일부 타인 귀속 또는 권리의 제한)

> 판례 임의경매에 물상보증인도 포함. 경락인이 적법하게 계약해제 : 물상보증인은 경락인에 대하여 원상회복 의무

> 판례 (강제)경매가 무효인 경우 담보책임 (×)
> – 채무자 명의의 소유권등기가 원인무효인 경우
> → 채권자에 대하여 배당금액 부당이득 반환청구

132강
매매(Ⅷ)

2 내용

(1) **채무자 또는 채권자가 하자의 존재에 대하여 선의** : 경락인의 계약해제, 대금감액
채무자 무력인 때 채권자에 대하여 대금 전부나 일부의 반환청구
(2) **채무자 또는 채권자가 하자의 존재에 대하여 악의** : 채무자가 흠결을 알고 고지하지 않은 때 또는 채권자가 흠결을 알고 경매를 청구한 때 → 손해배상청구
(3) **제척기간** : 계약해제, 대금감액, 손해배상청구는 모두 1년

▶ 담보책임에 관한 특약

(1) **임의규정**
(2) **원칙** : 담보책임을 배제, 경감, 가중하는 특약 유효
(3) **예외** : 매도인이 하자 흠결을 알고도 고지하지 않거나, 제3자에게 설정 양도한 경우

▶ 다른 제도와의 관계

(1) **착오에 의한 취소와의 관계** : 경합
> [판례] 매매계약의 중요부분의 착오 : 매수인은 매도인의 하자담보책임과 상관없이 착오를 이유로 매매계약 취소 가능

(2) **사기에 의한 취소와의 관계** : 경합

133강 매매(IX)

▶ 환매

1 의의·성질

(1) 의의 : 매매계약과 동시에 특약으로 환매권을 보류, 목적물을 도로 사는 것
(2) 환매권의 성질 : 형성권, 양도성, 등기로 대항력

> 판례 부동산에 환매특약등기가 된 경우에 매수인으로부터 전득한 제3자는 환매권자에 대항할 수 없다.

2 재매매예약과의 비교

(1) 의의 : 매도인이 매수인에게 목적물을 매도한 후, 그 목적물을 다시 매수할 것을 예약. 환매의 요건(×)
(2) 작용 : 채권담보의 기능(공통)
(3) 목적물의 범위 : 동산, 부동산, 기타 재산권(공통)
(4) 계약의 동시성 : 환매는 동시성. 재매매예약은 매매 후 재매매의 예약완결권
(5) 대금의 동액성 : 환매는 원칙적으로 원매매대금 내. 후자는 (×)
(6) 존속기간의 제한 : 환매는 부동산 5년, 동산 3년. 후자는 제한 (×)
(7) 등기능력 : 환매는 매매에 부기등기. 후자는 청구권보전의 가등기

3 환매의 요건

(1) 목적물 : 물건, 재산권 일반
(2) 환매권의 보류 : 계약의 동시성, 매매계약에 종된 특약
(3) 환매대금 : 원매매대금 + 이자 및 비용 범위
(4) 환매기간
   1) 약정한 경우 : 3년, 5년 초과 불가, 연장(×)
   2) 약정하지 않은 경우 : 3년, 5년

4 환매의 실행

(1) 행사방법

1) 환매대금(매매대금+비용)의 제공, 의사표시. 제공이 없으면 무효
2) 환매권자는 등기로 목적물의 전득자에 행사
3) 환매권자의 채권자의 대위행사 : 매수인도 매도인이 반환할 금액 공제한 잔액으로 채무변제, 잉여는 매도인에 지급 환매권 소멸 가능

(2) 환매권의 양도성

5 환매의 효과

(1) 소유권 회복시기 : 견해의 대립이 있으나, 등기 시(판)

(2) 환매목적물에 대한 비용상환(제203조)
　　매수인 또는 양수인이 지출한 비용상환

(3) 과실과 이자 : 특별한 약정이 없는 한 상계로 본다.

6 공유지분의 환매

(1) 공유물이 분할된 경우 : 매도인은 매수인이 받은 또는 받을 대금에 대하여 환매 가능

(2) 매수인이 공유물의 분할이나 경매에 대하여 매도인에게 통지하지 아니한 때에는, 매도인(환매권자)에게 대항하지 못한다.

▶ 교 환

1 의의·성질

(1) 의의 : 당사자 쌍방이 금전 이외의 재산권을 상호이전 할 것을 약정

(2) 성질 : 낙성, 쌍무, 유상, 불요식, 재산권 이전계약

2 교환의 성립
(1) 재산권 이전의 약정
(2) 보충금부교환 : 매매대금 규정 준용
(3) 환금계약 : 무명계약의 일종

3 교환의 효력
(1) 매매 규정의 준용
  1) 유상계약이므로 매매규정 준용
  2) 보충금 : 매매대금 규정 준용
(2) 동시이행의 관계

> 판례 교환계약의 당사자가 자기 소유물의 시가를 묵비하거나 시가보다 높은 가액 고지하더라도 기망(제110조) (×)

134강 임대차(Ⅰ)

▶ 임대차의 의의·성질

1 의 의
당사자 일방(임대인)이 상대방(임차인)에게 목적물을 사용·수익케 하고, 상대방이 그 대가(차임)를 지급할 것을 약정

> 판례 임대인이 소유권을 상실한 것만으로 : 이행불능 (×)

2 성 질
(1) 물건의 사용수익을 목적으로 하는 채권계약
  1) 임대차의 목적물 : 물건, 권리·기업 (×)
    (계약자유의 원칙상 무명계약으로 유효)
    ① 소비목적 대체물 (×) 농지 (×), 물건의 일부 (○)
    ② 타인 물·처분권(無) (○), 계약해제 (×)

> 판례 타인소유의 부동산 임대 : 해지사유 (×), 착오취소(원칙) (×)

> 판례 임대차 기간 중 소유권을 취득한 제3자의 요구로 인도된 경우 : 이행불능 종료

2) 사용·수익하는 계약 : 종료시 목적물 자체 반환

〈cf.〉 소비대차

3) 차임의 지급 : 금전에 한하지 않음. 금전 기타 대체물

(2) **낙성·쌍무·불요식 계약**

(3) **계속적 계약** : 양도·전대 제한

★ 용익적 권리의 비교

구 분	(건물)전세권	임차권	주택임차권
성질, 등기	물권, 요건	채권, △	채권, (△)
대항력	유	(×) 등기한 경우	인도+주민등록
처 분	자유	임대인의 동의	임대인의 동의
존속기간	1년/10년	최장 20년 위헌	최단 2년
법정갱신	인정	인정	인정
대가/증감	전세금/증감청구	차임/증감청구	차임/증감청구
수리비 부담	전세권자	임대인	임대인

135강

임대차(Ⅱ)

▶ **부동산임차권의 물권화**

1 의 의

부동산 임차인의 법률상의 지위를 용익물권자에 상당할 정도로 강화시키는 노력

2 물권화의 내용

(1) **대항력의 강화**

1) 원칙 : 매매는 임대차를 깨뜨린다.

2) 대항력

① 부동산 임차인의 등기청구권(제621조)

부동산 임차인의 등기청구권 인정(임의규정)

② 건물등기 있는 토지임차권(제622조)

③ 주택·상가 건물임차권 : 특별법상의 대항력 부여

(2) 방해의 배제

1) 채권 자체에 의한 효력 → 제3자에 대하여 원칙적으로 부인
   ① 임대인의 물권적 청구권 대위
   ② 임대인에 대항할 수 있는 자(임차물의 양수인 등)에 대항 (×)
2) 점유권에 의한 효력 ; 점유를 취득한 후에 가능
3) 등기된 임차권

   > **판례** 등기된 임차권 등기 침해
   > ① 용익적 권능 + 보증금 반환의 담보적 권능. 기간만료 후에도 보증금반환시까지 임대인이나 그 승계인에 대하여 등기말소 거부
   > ② 원인 없는 등기말소 시 방해배제청구

(3) 임차권의 존속보장

최장기만 규정(위헌), 특별법(주임법, 상임법)상의 보장

(4) 양도성 : 제한

136강 임대차(Ⅲ)

▶ 임대차의 존속기간

1 기간의 약정이 있는 경우

(1) **최장기** : 원칙 20년(위헌)
(2) **최단기제한**
  1) 민법 (×)
  2) 주임법, 상임법상의 최단기 제한

2 기간의 약정이 없는 경우

(1) 당사자의 해지통고 → 통고받은 날로부터 부동산(6월, 1월), 동산(5일) 경과로 종료. 편면적 강행규정
(2) 해지권을 유보한 기간약정 임대차에 준용

3 임대차의 갱신

(1) 계약(합의)에 의한 갱신
1) 10년의 범위 내에서 갱신
2) 갱신횟수 제한(×)
3) 계약갱신 청구 : 건물 기타 공작물 소유·식목·채염 목적의 토지 임대차 - 지상권 규정 준용

(2) 묵시의 갱신(법정갱신)
1) 의의 : 임대차 기간만료 후 임차인이 임차물을 사용·수익, 임대인이 상당기간 내에 이의를 하지 아니한 때에 전 임대차와 동일한 조건으로 다시 임대차 간주
2) 내용
   ① 기간의 약정이 없는 것으로 본다. 언제든지 해지 통고, 일정기간의 경과로 종료
   ② 전 임대차에 대하여 제3자가 제공한 담보는 기간만료로 소멸, 당사자가 제공한 담보는 존속

   🟢판례 제3자가 제공한 담보 : 질권, 저당권 그 밖의 보증 등을 가리키는 것으로 임차보증금이 양도된 경우는 포함되지 않는다. 즉 존속
   🟢판례 당사자들의 합의에 따른 임대차 기간 연장의 경우에는 적용되지 않는다.

4 단기임대차의 존속기간
1) 최장기간 : 처분의 능력 권한이 없는 자의 임대차

구 분	기 간
식목, 채염, 석조, 석회조, 토지임대차	10년
기타 토지임대차	5년
건물 기타 공작물	3년
동 산	6월

2) 단기임대차의 갱신

구 분	기 간
토지	1년
건물 기타 공작물	3월
동산	1월

137강 임대차(Ⅳ)

▶ 임대인의 권리

1 차임 지급·증액청구권

공과금의 증감 기타 경제 사정의 변동으로 약정차임이 상당하지 아니한 때 장래를 향하여 증감청구

🏛 판례 차임불증액특약 : 그 후의 사정변경은 증액 가능

2 법정담보물권

(1) 토지임대차
  ① 법정저당권 : 변제기 경과한 최후 2년 차임, 임차인소유건물 압류
  ② 법정질권 : 임차지에 부속 또는 사용편익의 동산, 과실 압류
(2) 건물임대차 : 건물기타 공작물의 임대인이 임차인 소유의 동산 압류

3 목적물반환청구권 : 임대차 종료 시

▶ 임대인의 의무

1 목적물 인도의무 등

(1) 인도, 사용·수익하게 할 의무

(2) 보호의무

> 판례 통상의 임대차 : 안전배려, 도난방지 등 보호의무(×)

> 판례 숙박업자(○) : 객실 및 관련시설은 숙박업자의 지배

2 상태유지의무

(1) 목적물 수선의무

1) 사용기간 중 사용·수익에 적합한 상태 유지의무
2) 천재지변, 임차인의 귀책사유에도 적용(통)
3) 수선의무는 특약으로 면제 가능, 그러나 통상의 소규모 수선에 한한다(판).

> 판례 계약서에 단란주점용특약이 아닌 경우 : 목적물이 통상의 사용수익에 필요한 상태를 유지하면 족하고, 단란주점영업에 적합한 구조나 성상 유지 의무(×)

> 판례 1차 집중호우에 임차인이 공장 및 부지를 사용할 수 없는 상태 장해 발생했더라도 임대인의 수선의무의 범위에 임야가 붕괴될 수 있는 가능성을 염두에 두고 피해발생 방지를 위한 방호의무를 포함(×)

> 판례 임대인의 수선의무 면제 및 임차인의 수선의무 부담 ; 소규모 수선, 대규모 기본설비부분의 교체(×)

4) 임대인의 보존행위 : 임차인 거절 불가, 목적달성 불가이면 계약해지 가능

(2) 방해제거의무

제3자의 방해행위에 대하여 ; 임차인의 방해제거 청구(대항력 있는 경우)나 점유보호청구권에 기한 것과 별도로 인정

(3) 기타의 상태유지의무 : 상가 활성화 의무는 매우 제한적으로 인정

> 판례 상가임대인의 경기변동, 소비성향의 변동과 상관 없는 상가활성화 의무(×)

138강 임대차(Ⅴ)

3 비용상환의무

(1) **필요비** : 임차물 보존에 필요한 비용. 임대차 종료 불요

(2) **유익비**

   1) 의의

   ① 객관적인 가치증가(임자인의 간판 등 주관적 가치) (×)

   ② 임차물의 구성부분일 것 : 독립성 유지 = 부속물매수청구

   ★ 유익비의 부정(주관적 가치)
   - [판례] 삼계탕집을 경영하기 위하여 온돌방, 방문 틀, 주방 내부, 실내 전등, 계단 전기 등 삼계탕 영업시설 ; 유익비 (×)
   - [판례] 카페 영업을 위한 공사, 규모 확장 내부시설공사(점포의 객관적 가치증가) (×) 창고지붕공사비(통상의 관리비)

   2) 행사 : 임대차 종료, 가액증가 현존. 지출금액 또는 증가액

   3) 유치권의 취득(법원의 기간 허여 ×)

(3) **임차목적물의 소유자변경 시 비용상환청구의 상대방**

   1) 대항력 있는 임차권 : 신소유자

   2) 대항력 없는 임차권 : 비용지출 후 소유자가 변경된 경우, 종전 임대인 상대로 제262조 ②에 의해 임대차계약상의 비용상환청구 가능. 신소유자에 대한 비용 청구 (×), 신소유자에 대한 유치권 행사 (○)

   - [판례] 계약관계에 점유자의 상환청구권(제203조) 적용 (×)

(4) **비용상환 포기 특약** ; 유효

   - [판례] 임대인의 승인하에 개축변조 가능하나 반환기일 전에 임차인의 부담으로 원상회복약정 – 유익비상환 포기 취지

(5) **행사기간**

   1) 필요비는 지출 시에, 유익비는 임대차 종료 시에 반환 청구

   2) 목적물 반환 받은 날로부터 6월 내 행사. 제척기간이나 출소기간은 아니다.

4 담보책임 : 매도인의 담보책임규정 준용

139강 임대차(Ⅵ)

▶ 임차인의 권리

1 임차권

(1) **의의 및 범위** : 목적물 사용·수익권. 정하여진 용법에 따라야 한다.
(2) **임차권의 대항력**(제621조, 제622조)
  1) 매매는 임대차를 깨뜨린다. 본래 대항력(×)
  2) 부동산 임대차는 등기하면 대항력이 생긴다.
  3) 부동산임차인의 등기청구권(제621조) : 형성권(×) 임의규정
  4) 건물소유목적의 토지임차권(제622조) : 지상건물을 등기하면 제3자에 대하여 대항력이 생긴다. 건물이 멸실 또는 후폐(朽廢)면 소멸

  🟢 판례 대항력의 요건 : 건물소유를 위한 토지임차권
   토지 건물의 소유자였던 乙로부터 토지 건물을 임차한 甲이 건물을 강제경매에서 경락받아 그 건물만 소유권이전등기한 경우(×)

  🟢 판례 임차지상의 건물을 등기함으로써 토지 임차권 등기 없더라도 제3자에게 임차권을 대항할 수 있다는 것이지 등기된 건물만을 취득한 자(×)

2 건물임차인의 부속물매수 청구권/철거권

임대인에게는 이 권리가 없다. 전세권과 차이점

(1) **요건**
  1) 건물 기타 공작물의 임차인이 임대인의 동의를 얻어(매수하여) 부속시킨 부속물, 임대차 종료 시 매수청구
  2) 부속된 물건으로 건물의 구성부분(×), 임차인의 소유, 객관적 사용편익

   🟢 판례 오로지 임차인의 특수목적에 사용하기 위한 것(×)

   🟢 판례 임차인의 채무불이행으로 해지된 경우(×)

  3) 성질 : 형성권

4) 적용범위 : 일시 사용 임차권(×)
5) 편면적 강행규정 : 임차인에게 불리한 약정 무효

> 📌 건물임대인이 보증금, 임료를 저렴하게 하는 대신 임차인이나 임차권양수인이 시설비 등 매수청구권포기 약정 ; 유효, 일방적으로 불리(×)

> 📌 임차인이 증축한 부분을 임대인소유로 귀속시키는 약정 ; 원상회복을 면하는 것으로 유효

6) 부속물철거권

140강 임대차(Ⅶ)

▶ 토지임차인의 지상물매수청구권
임대인에게는 이 권리가 없다. 지상권과의 차이

1 요 건
(1) 건물 기타 공작물, 식목·채염 목적의 <u>토지임대차</u>
(2) 임대차기간 만료시 지상에 건물, 수목 기타 지상시설 현존
(3) 임차인이 갱신청구를 하였으나 거절당하였을 것

> 📌 임차인의 채무불이행으로 계약이 해지된 경우 갱신청구권이 없으니 지상물매수청구권도 부인

★ 관련판례
1) 기간의 정함이 없는 임대차에서 임대인의 해지통고로 소멸한 경우(○)
2) 지상건물의 객관적인 경제적 가치 불요
3) 계약 당시 기존건물, 임대목적에 반하지 않는 한 임대인의 동의에 의한 신축 불요
4) 종료시 경제적 가치 존속하고, 임대목적에 반하여 축조되지 않고, 예상할 수 없는 고가가 아닌 무허가 건물이라도(○)
  – 이와 같은 미등기·무허가 건물의 양수인(○)
5) 매수청구권의 상대방 : 건물 보존등기를 필하여 대항력 있는 토지임차인은 신소유자(○)
6) 임차권 소멸 당시 토지소유권을 상실한 임대인 : 상대방(×)
7) 건물에 근저당권이 설정된 경우 : 인정
  매수인(임대인)은 대금지급에 근저당권의 말소를 동시이행 항변

2 효 과

(1) 형성권 : 매수청구권의 행사로 매매성립
- 동시이행의 항변
  - 🔸판례 건물명도 및 소유권 이전등기 의무 = 매수인(토지임대인)의 대금지급의무
  - 🔸판례 임차인은 명도 및 소유권 이전등기 서류이행 제공 시까지 대지사용에 따른 임료 상당의 부당이득

(2) 건물이 임차지 이외의 토지에 걸쳐 있는 경우
임차지상의 건물부분 중 구분가능 부분에 한하여 매수청구의 객체(판)

3 매수청구권의 포기

- 🔸판례 임대차가 종료 전의 건물기타 지상시설을 일체 포기하기로 한 약정
  : 임차인에게 불리한 약정 무효
- 🔸판례 지상물매수청구권 포기약정 : 포기 대신 명도의무 면제 등 전체적으로 보아 임차인에게 불리하지 않은 경우는 유효

▶ 임차인의 의무

1 차임지급의무

(1) 차임
1) 임대차의 요소
2) 금전에 한하지 않는다.
3) 수인의 임차인 : 연대채무
4) 차임 지급시기(임의규정, 후급)
   - 매월 말(동산, 건물, 대지), 토지(매년 말), 수확기 有(수확기 직후)

(2) 차임증감청구 : 형성권
1) 사정변경 : 경제사정 변동, 장래에 대한 증감 청구
   - 🔸판례 증감청구의 효력 발생시기 : 재판시(×) 청구시(○)
   - 🔸판례 차임부증액 특약 : 현저한 사정 변경 증액청구 인정(○)
2) 목적물의 일부(임차인의 과실 없이)멸실 : 그 부분의 비율로 감액청구

141강 임대차(Ⅷ)

(3) 차임연체로 인한 계약해지

1) 2기 연체(계속 불요)
2) 강행규정 : 임차인에게 불리한 약정은 무효
3) 일시 임대차(×)

2 임차물 보관의무

(1) 반환 시까지 선관주의 의무 : 위반이면 손해배상(입증 임차인)

> 판례 임차건물이 소실된 경우 : 임차인이 면책하려면 선관주의의무를 다했음을 입증. 임대차계약이 수선의무 지체로 해지된 경우도 동일

(2) 통지의무

수리를 요하거나 권리 주장자가 있을 때 지체 없이 통지. 임대인이 이미 알고 있는 경우(×)

(3) 인용의무

1) 임차물의 보존행위를 하려 할 때 거절(×)
2) 임차인의 의사에 반한 보존행위로 목적달성 불능 시 해제 가능

3 임차물 반환의무

(1) 임차인은 임대물을 임대인에게 반환할 의무
(2) 원상회복
(3) 부속물철거 의무
(4) 귀책사유 없이 이행불능이면, 책임 면한다.
  채권자 지체 중의 경과실로 인한 경우도 같다.

▶ 임차권의 양도와 임차물의 전대

1 양도·전대 제한주의
임대인의 동의 없이 권리를 양도하거나, 임차물을 전대하지 못한다.

2 양도·전대의 의의 및 성질
(1) **양도**

양도인·양수인 간의 계약으로 권리의 동일성을 유지하면서 임차권 이전. 임대인은 당사자(×)

(2) **전대(轉貸)**

목적물을 제3자 전차인이 사용·수익케 하는 임차인·전차인 간의 계약

(3) **양자의 차이**

양도에서 임차인은 임대차 관계에서 탈퇴하나, 전대에서는 임차권을 바탕으로 해서 양자 간 새로운 임대차 성립

(4) **임대인의 동의**
  1) 원칙 : 임대인의 해지요건. 대항력 있는 임차권도 동일
  2) 예외 : 동의 불요
     ① 건물의 소부분 타인에 사용
     ② 임차권의 양도가 배신적이 아닌 경우(판) 해지권(×)

3 동의 있는 양도·전대
(1) **양도**
  1) 임차인 탈퇴, 양수인의 지위 승계
  2) 장래를 향한 양도이기 때문에 연체차임·기타의무 위반 손해배상 이전(×)
  3) 법률의 규정(경매절차)에 의한 임차권 취득도 동의 요
  ♣ 토지임대인의 동의가 없어도 건물 경락인은 대항할 수 있는가(×)
     <판례> 승낙이 있는 신 임차인이 목적물을 명도받은 경우 구 임차인의 임대인에 대한 명도의무 이행

142강
임대차(Ⅸ)

> 📗 건물소유목적의 토지임차인 소유의 건물 저당권 실행 경매 :
> 저당권의 효력으로 임차권 경락인에 이전. 건물경락인은 임대인의 동의가 없는
> 한 토지소유자에 대항(×)

(2) 전대

1) 임대인과 전차인 : 전차인의 직접의무 부담

   > 📗 전차인이 전대인에 대한 차임지급으로 임대인에 대항(×)
   > : 전대차계약상의 지급시기 이전에 지급한 차임

2) 임대인과 임차인의 관계 : 전대차로 영향을 받지 아니한다.
3) 임차인(전대인)과 전차인 : 전대차계약 내용
4) 전대차의 존속기간

   전대차의 약정기간만료, 임대차기간 만료 등 소멸. 그러나 임대인 임차인의 합의로 임대차 소멸하더라도 전차권 존속

5) 전차인의 부속물매수청구권

   건물 기타 공작물의 전대에서 전차인이
   ① 임대인의 동의를 얻어서
   ② 임대인으로부터 매수한 부속물은 임대차 종료 시 임대인에 매수청구

6) 전차인의 보증금반환 청구

   전대차 종료 시 전대인 상대로 연체차임 공제 등 공제 후 반환청구

4 동의 없는 양도·전대

(1) 양도

1) 임차인과 양수인 : 임대인에게 대항할 수 없을 뿐 계약은 유효
   임대인의 동의를 못 얻으면 담보책임
2) 임대인과 양수인 : 임대인의 물권적 청구권 행사
   해지하지 않으면 (자신에게 ×) 임차인에게 반환청구
3) 임대인과 임차인 : 해지하지 않는 한 권리 의무 존속

(2) 전대

1) 전대인과 전차인 : 계약상의 권리 의무
2) 임대인과 전차인 : 전차인은 임대인에 대항 불가, 물권적 청구권 행사
3) 임대인과 임차인 : 해지하지 않는 한 권리·의무 존속

   > **판례** 임차인이 임대인의 동의 없이 제3자에게 전대한 경우
   > 임대인은 임대차 해지 없이 제3자에게 손해배상청구 (×)
   > 부당이득반환청구 (×)

▶ 임대목적물의 양도

1 원 칙
매매는 임대차를 깨뜨린다. 양수인의 반환청구에 거절 불가

2 임대인의 지위승계의 약정이 있는 경우
(1) 임대인의 권리 의무는 포괄적으로 양수인에 이전 ; 임차인은 지상물(부속물)매수청구권, 보증금반환청구권 등 양수인에게만 행사
(2) 승계를 원치 않는 임차인은 상당기간 내 임대차계약 해지 가능(판)

3 임차인이 등기나 특별법상의 대항력을 가진 경우
(1) 임대인의 지위가 당연 승계(판)
(2) 임차인은 상당기간 내 임대차계약해지. 임대인의 지위승계의 구속을 면할 수 있다.(판)

143강 임대차(X)

▶ **임대차의 종료**

1 사 유

(1) 존속기간의 만료

(2) 해지통고 : 유예기간

  1) 기간의 약정이 없는 임대차(임대인 해지 6월, 임차인 해지 1월)

  2) 해지권의 유보

  3) 임차인의 파산 : 해지로 인한 손배 청구 불가

(3) 해지

  1) 임대인 : 무단양도 전대, 2기 이상의 연체 차임, 보증금 지급(×)

  2) 임차인 : 임대인의 보존행위, 목적물의 일부멸실, 목적달성 불가

     🟢 판례 임대인의 지위이전 : 임차인이 원하지 않는 경우

2 종료의 효과

(1) 비소급

(2) 배상책임 : 귀책사유 면

(3) 보증금 및 목적물반환

  1) 동시이행, 유치권(×)

     🟢 판례 임차인의 원상회복의무 : 폐업신고의무 포함

  2) 목적물이 임차인의 귀책사유 없이 멸실, 임대인의 귀책사유로 멸실이면 반환의무(×)

(4) 부당이득의 반환

  1) 동시이행의 항변권 행사 : 불법점유는 아니나, 실질적으로 이득이 있으면 반환

  2) 건물임대차 종료 후 점유했으나 계약목적대로 사용·수익하지 못한 경우에는 반환의무(×) (판)

  3) 건물소유목적의 토지임대차 종료 후 : 지상물매수청구권 행사로 임차인이 계속 부지 점유·사용한 경우 불법은 아니나, 부당이득(판). 소유권 이전 제공이면(×)

▶ 보증금

1 의의 및 기능

(1) **의의** : 임차인의 차임 손해배상 등 채무담보를 위하여 지급되는 금전 기타 유가물

(2) **기능** : 담보기능, 차임지급 기능

2 보증금 계약

(1) **의의** : 임대차 계약에서 수수되는 계약. 임대차계약에 종된 계약

(2) **특징** : 제3자도 제공 가능. 요물계약 또는 낙성계약

3 보증금의 효력

(1) **담보적 기능**

　1) 임차인의 모든 채무담보

　2) 임대차 종료 시 임대인은 채무공제하고 반환(우선변제)

　3) 임대차관계가 존속 중에는 연체차임 충당은 임대인의 자유

　　🔖 임대차보증금은 계약 종료 후 목적물을 명도할 때까지 임차인의 임대차에 따른 모든 채무를 담보하는 것. 별도의 의사표시 없이 보증금에서 당연 공제

　　🔖 임대차계약의 경우 보증금에서 공제하려면 임대인으로서는 공제될 차임채권, 관리비 등 발생원이 주장·입증해야 하고, 그 채권이 변제 등으로 소멸했는지는 임차인 주장·입증해야 한다.

　　🔖 임대차계약 종료 전에는 의사표시 없이 보증금에서 연체차임이 당연 공제되는 것 아니고, 임차인도 보증금의 존재를 이유로 차임지급 거절 불가. 임대인이 연체차임을 제3자에게 양도한 경우, 임대인에게 임대인에게 공제의사표시 권한 (×)

(2) **묵시의 갱신과 담보적 기능**

　1) 임차인이 제공한 보증금은 효력 유지

　2) 임차인이 제공한 보증금이 제3자에게 양도되었더라도 갱신 후 효력 유지(판)

　　제3자가 제공한 다른 담보(질권, 저당권 보증 등)은 소멸

(3) 임대인의 변경과 보증금의 반환

1) 반환청구의 상대방 : 원칙적으로 임대인

   등기나 특별법 등 대항력을 구비 ; 신 소유자에게 반환 (면책적)채무 승계

2) 임차보증금이 압류된 상태에서 양도된 경우 : 양수인에 대해서만 가압류 주장(판)

4 보증금의 반환

(1) 보증금 반환청구권의 발생

임대차관계의 종료 시 발생. 임대인은 연체차임 등 채무 청산 뒤 나머지 반환

(2) 보증금과 임차물 반환의 동시이행

1) 임차물의 반환 = 명도 시까지 발생한 모든 채무 청산 후 나머지(판)
   - 임차인의 사소한 원상회복의무 불이행에 거액의 보증금반환을 동시이행 주장(×)(판)

2) 임대차에 기한 보증금 및 임료의 지급 사실 입증 : 임차인(판)

3) 임차물 반환이 지연되는 경우 : 임차인의 사용·수익에 따른 부당이득 반환의무(×). 특별한 사정이 없는 한 전차인에게도 적용

(3) 보증금 반환청구권의 양도 : 양도 후에도 동시이행 관계

임차인은 임대인의 동의 없이 임차권양도금지특약 ; 보증금양도금지특약(×)

PART 04 민사특별법

출제비율 14.5%

	구 분	25회	26회	27회	28회	29회	30회	31회	32회	33회	34회	계	비율(%)
민사 특별법	제1장 주택임대차보호법	1	1	1	2	1	1	2	2	2	1	14	3.5
	제2장 상가건물임대차보호법	1	1	1	1	1	1	1	1	0	1	9	2.3
	제3장 가등기담보 등에 관한 법률	1	1	1	1	1	1	1	1	1	1	10	2.5
	제4장 집합건물의 소유 및 관리에 관한 법률	1	1	1	1	1	1	1	1	2	1	11	2.8
	제5장 부동산 실권리자명의 등기에 관한 법률	2	2	2	1	1	1	1	1	1	2	14	3.5
	소 계	6	6	6	6	5	5	6	6	6	6	58	14.5

주택임대차보호법

144강
주택임대차보호법(Ⅰ)

▶ **입법목적과 적용범위**

1 입법목적과 법의 성격

(1) **입법목적** : 국민의 주거생활의 안정
(2) **법의 성격**(민사특별법)
  민법에 대한 특별법
  편면적 강행규정(제10조) : 임차인에게 불리한 약정은 무효

2 적용범위

(1) **물적 범위**
  1) 주거용 건물의 전부 또는 일부 임대차
    ① 주거의 판단기준
      [판례] 실제용도, 계약 당시 비주거용 (×)
    ② 판단시기 : 계약시기
      [판례] 합의에 따라 주거용 개조 (○), 임의개조 (×)
      [판례] 다른 용도 사용되다가 근저당권 설정 이후 주거용
        : 최우선변제
  2) 겸용건물 : 건물의 일부가 다른 용도여도 주용도가 주거 (○)
    [판례] 다방에 딸린 방 (×)
  3) 미등기 전세·무허가건물 (○)
  4) 일시 사용이 명백한 임대차 (×)

(2) 인적 범위

1) 주택임차인 : 자연인, 외국인
2) 법인(×) (단 LH, SH 등 적용, 중소기업)
   - 🟩 판례 법인은 주민등록(×) 법인이 직원이 주민등록 전입(×)
3) 주택임차권의 승계인(제9조) 등 : 상속인, 동의 있는 양수인·전차인

145강 주택임대차보호법(Ⅱ)

▶ 대항력

1 대항력의 요건

(1) 취득요건 : 유효한 임대차계약 + 인도 + 주민등록(신고)

1) 유효한 임대차
   - 🟩 판례 적법한 권한을 가진 주택의 명의신탁자와의 임대차계약 ; 수탁자에 대항
   - 🟩 판례 (기존채권 우선변제 받을 목적의)가장 임대차(×) ; 통정허위표시 무효

2) 주택의 인도 + 주민등록(전입)
   ① 법인 적용(×). 단 LH, SH 등 선정입주자의 전입
   ② 다세대주택에는 동·호수 기재, 다가구주택에는 지번 기재로 족하다.

★ 주민등록의 효력발생시기 및 내용의 기준(판례)
  1) 정확한 지번·동·호수로 신고서 작성·제출 ; 담당공무원의 착오로 수정 요구로 잘못된 지번 등으로 다시 작성, 그대로 주민등록 → 대항력(×)
  2) 임차인이 올바르게 주민등록 신고를 하였다면 대항력(○), 담당공무원의 착오로 주민등록표상 다소 틀리게 기재(안양동 545의 5 → 안양동 545의 2)(○)

★ 주민등록이 대항력을 충족시키기 위한 요건(판례)
  1) 형식적으로 주민등록만으로는 부족. 표상되는 점유관계가 임차권을 매개로 하는 점유임을 제3자가 인식할 수 있는 정도
  2) 주민등록에 배우자나 자녀 포함
  3) 간접점유자인 임차인의 주민등록(×), 실거주자인 직접점유자의 주민등록(○)
  4) 다가구용 단독주택 일부임차 : 지번 기재로 충분(1층 1호 → 지층 1호)(○)
  5) 처음 다가구용 단독주택 일부임차 지번 기재 : 다세대주택으로 변경된 사정만으로 대항력 상실(×)

146강 주택임대차보호법(Ⅲ)

★ 주민등록이 직권말소된 경우
  1) 주민등록법상 소정의 이의 절차에 따라 말소 회복되면 대항력 유지(○)
  2) 주민등록법상 소정의 이의 절차에 따라 말소 회복된 것이 아니면 재등록이 이루어지기 전에 주민등록이 없는 것으로 알고 이해관계를 맺은 제3자에 대항(×)

3) 주택의 인도 및 주민등록의 존속
  ① 존속요건 : 주민등록을 이전하면 가족과 함께 일시적으로나마 다른 곳으로 이전하면 전출시에 대항력 상실
  ② 새로운 대항력의 취득 : 주민등록 이전 후 얼마 되지 않아 원래의 주소지로 재전입하더라도 새로운 대항력 취득

  > 판례 주민등록의 직권말소 후 동법 소정의 이의절차에 의해서 재등록 의사 명백 ; 소급하여 대항력 유지

★ 주민등록이 이전되었다 재등록된 경우
  1) 사례
    甲이 乙주택에 ① 2019. 6/15 주택 인도, 주민등록 ② 乙이 2019. 8/17 丙에 주택저당권 설정 ③ 2019. 8/18 새 주소로 이전 ④ 2019. 10/9 원래의 주소로 재전입
  2) 대항력
    2019. 8/18 대항력 상실. 2019. 10/10 새로운 대항력 취득
  3) 권리분석
    丙의 저당권이 실행되면 丙에 대하여 대항력이 없다.

(2) 중소기업 기본법에 따른 특칙
  1) 중소기업(기본법 제2조)에 해당하는 법인의 임대차계약
  2) 직원이 인도 + 주민등록 = 익일로 제3자에 대한 효력

2 대항력의 발생시기

(1) 법 제3조 : 인도와 주민등록의 익일(다음날)
  등기가 없어도 인도 + 주민등록(전입신고)이면 그 익일부터 제3자에 효력
(2) 익일의 의미 : 다음날 0시(판)
  1) 2017. 9/1 인도 + 주민등록이면 2017. 9/2일 오전 0시부터 대항력 발생

2) 2017. 9/1 전입 신고했으나 2017. 9/15일 주택인도 입주했으면 2017. 9/16 오전 0시부터 대항력 발생

> 판례 甲이 丙회사 소유 임대아파트의 임차인인 乙로부터 아파트를 임차하여 전입신고를 마치고 거주하던 중, 乙이 분양받아 소유권이전등기를 한 후 근저당권을 설정한 사안. 甲은 乙명의 소유권이전등기 즉시 대항력 (○)

> 판례 주민등록하고 거주하던 소유자가 매매 후 매수인으로부터 임차한 경우 ; 매수인 명의로 등기가 경료된 때 대항력 취득

147강 주택임대차보호법(Ⅳ)

▶ 대항력의 내용

1 임대인 지위 승계

(1) 보증금 반환, 수선의무 등

1) 양수인 : 대항력을 갖춘 후의 임차주택의 매매, 증여 등 소유권 취득자
2) 무허가 미등기건물의 사실상 취득자 (○)
3) 양도담보 권리취득자 (×)
4) 해제된 매매계약의 매수인으로부터 임차한 자 (○)

> 판례 대항력을 취득한 주택이 양도된 경우 ;
> 임대인의 지위가 일체로 양수인에게 이전된다면 ① 양수인이 보증금반환채무를 면책적으로 인수(양도인은 채무 면), ② 임차인에 대하여 보증금반환채무의 지급금지 명령을 받은 채권가압류의 제3채무자의 지위도 임대인의 지위와 함께 이전

(2) 임차인의 양수인에 대한 대항력

양도인은 종전의 임대차관계에서 벗어나므로(면책적 채무인수)

> 판례 임차주택이 기간만료 전에 경매된 경우 ; 임차인은 임대차계약을 해지하고 우선변제 청구 가능. 해지는 즉시 효력 발생

★ 임대인의 지위 이전 : 임대인의 보증금반환의무(판)
  1) 통상의 경우 : 양도인의 보증금반환채무 소멸
  2) 임대차 종료 후 임차인이 승계를 원하지 않는 경우 (×)

(3) 선순위 권리자가 있는 경우 : 신 소유자에 대항 불가
   선순위권리 : 압류, 가압류, 근저당에 의한 경매, 가등기에 의한 본등기 (×)
   🔖 선순위저당권과 후순위저당권 사이의 대항력 임차권(×)
(4) 담보책임의 규정 등 적용
   제575조, 제578조 준용. 제536조의 준용
   🔖 경락인은 담보책임만 물을 수 있을 뿐 배당채권자들을 상대로 부당이득반환청구(×)

2 임차인의 진실고지 의무와 대항력 제한(판)
(1) 대항력 있는 임차권은 임대인의 지위가 자동 승계, 그러나 공시 불완전
(2) 담보권을 취득하려는 자에게 진실고지 의무 : 위반하면 신의칙(금반언)에 따라 대항력 주장 불가

148강 주택임대차보호법(Ⅴ)

▶ **주택임대차의 존속기간**

1 최단존속기간 : 2년
(1) 2년 이상 약정 → 약정대로 유효
(2) 2년 미만 약정 → 2년, 그러나 임차인은 단기주장 가능(판)
   기간 약정이 없는 경우 → 2년. 약정갱신

2 법정갱신
(1) 의의 : 기간만료 전 6개월 ~ 2개월 사이에 거절 등 통지 (×)
   임차인이 2개월 전까지 통지하지 않은 경우도 동일
(2) 묵시적 갱신 후의 효력
  1) 존속기간 : 2년
  2) 임차인의 해지 ; 언제든지 가능하고 3월 경과로 소멸
(3) 적용 제한
   2기 연체차임, 현저한 의무 위반 (×)

3 계약갱신 요구 등(법 제6조의3)

(1) 요건

법정갱신(제6조)에도 불구, 임대인은 임차인이 기간 이내에 계약갱신을 요구할 경우 <u>정당한 사유 없이</u> 거절하지 못한다.

★ 정당한 거절 사유(법 제6조의3 ① 단서)
1) 임차인이 2기의 차임액에 해당하는 금액에 이르도록 차임을 연체한 사실이 있는 경우
2) 임차인이 거짓이나 그 밖의 부정한 방법으로 임차한 경우
3) 서로 합의하여 임대인이 임차인에게 상당한 보상을 제공한 경우
4) 임차인이 임대인의 동의 없이 목적 주택의 전부 또는 일부를 전대(轉貸)한 경우
5) 임차인이 임차한 주택의 전부 또는 일부를 고의나 중대한 과실로 파손한 경우
6) 임차한 주택의 전부 또는 일부가 멸실되어 임대차의 목적을 달성하지 못할 경우
7) 임대인이 다음 각 목의 어느 하나에 해당하는 사유로 목적 주택의 전부 또는 대부분을 철거하거나 재건축하기 위하여 목적 주택의 점유를 회복할 필요가 있는 경우
   가) 임대차계약 체결 당시 공사시기 및 소요기간 등을 포함한 철거 또는 재건축 계획을 임차인에게 구체적으로 고지하고 그 계획에 따르는 경우
   나) 건물이 노후·훼손 또는 일부 멸실되는 등 안전사고의 우려가 있는 경우
   다) 다른 법령에 따라 철거 또는 재건축이 이루어지는 경우
8) 임대인(임대인의 직계존속·직계비속을 포함한다)이 목적 주택에 실제 거주하려는 경우
9) 그 밖에 임차인이 임차인으로서의 의무를 현저히 위반하거나 임대차를 계속하기 어려운 중대한 사유가 있는 경우

(2) 내용

1) 임차인은 계약갱신요구권을 1회에 한하여 행사 가능. 갱신임대차의 존속기간 2년
2) 갱신되는 임대차는 전 임대차와 동일한 조건. 차임과 보증금은 제7조의 범위에서 증감
3) 갱신되는 임대차의 해지에 관하여는 제6조의2 준용

(3) 손해배상

1) 요건

   임대인이 실제주거 사유로 갱신을 거절하였음에도 불구하고, 기간이 만료 전에 정당한 사유 없이 제3자에게 목적 주택을 임대한 경우, 임대인은 임차인이 입은 손해를 배상

2) 배상액

당사자 간에 합의가 없는 한 다음 각 호의 금액 중 큰 금액

① 갱신거절 당시 월차임(보증금이 있는 경우에는 "환산월차임" 적용)의 3개월분에 해당하는 금액
② 임대인이 제3자에게 임대하여 얻은 환산월차임과 갱신거절 당시 환산월차임 간 차액의 2년분 해당 금액
③ 임대인 등 거주(제1항 제8호)의 사유로 인한 갱신거절로 인하여 임차인이 입은 손해액

(4) 계약갱신 요구 등에 관한 적용례(부칙 제2조)

1) 시행시기

계약갱신의 요구(제6조의3) 및 차임 등의 증감청구권(제7조)의 개정규정은 이 법 시행 당시 존속 중인 임대차에 대하여도 적용한다(부칙 제2조 ①).

2) 적용제외

제1항에도 불구하고 이 법 시행 전에 임대인이 갱신을 거절하고 제3자와 임대차계약을 체결한 경우에는 이를 적용하지 아니한다(부칙 제2조 ②).

▶ 차임 : 보증금의 증감청구권

1 차임 등의 증감청구권

(1) **의의** : 사정변경, 장래를 향하여 청구
(2) **성질** : 형성권 증액의 제한
(3) **내용** : 20분의 1. 1년 이내에 증액 (×)

  판례 종료 후 재계약이나 당사자가 합의한 경우 적용 (×)

2 **월차임 전환 시 산정률 제한** : 월차임 초과×일정비율(영 제9조) 중 낮은 비율

(1) 법 제7조의2 제1호에서 "대통령령으로 정하는 비율"이란 연 1할을 말한다.

(2) 법 제7조의2 제2호에서 "대통령령으로 정하는 이율"이란 연 2퍼센트를 말한다.

3 **초과차임의 반환청구** : 증액비율을 초과하여 지급한 경우

▶ 보증금에 대한 임차인의 권리(보증금의 회수)

1 **우선변제권**

(1) 우선변제권의 인정 요건

　1) 대항요건과 확정일자의 구비

　　🏷 보증금반환 채권만 양수한 채권자 (×) : 우선변제권 부정

(2) 우선변제권의 내용

　1) 발생시기 : 인도, 주민등록 후 확정일자면 확정일자 부일

　　🏷 인도, 주민등록, 확정일자인 경우 : 익일

　2) 재전입한 경우 : 새로운 대항력(임대차의 동일성 인정이면 확정일자는 불요)

　3) 임대차종료 전의 경매 : 임대차 해지 우선변제 청구

　　－ 대상 : 건물, 대지의 환가대금

　　🏷 대항력을 갖춘 후 대지가 타인에게 양도된 경우도 동일

　　🏷 대항력을 갖춘 임차인이 저당권등기 이후 임대인과 합의하여 보증금 증액부분
　　　 ; 경락인에 대항 (×)

(3) 보증금의 수령

　1) 집행개시와 주택의 인도 : 반대채무의 이행(의 제공)은 집행개시의 요건 (×), 보증금 수령 = 주택의 인도

2) 이의신청 : 이해관계인은 경매법원이나 체납처분청에 이의신청
체납처분청은 임차인, 승계금융기관에 보증금 변제 유보
소송의 결과에 따라 배분

> 판례 甲은 소유자로서 86. 4/24부터 전입신고 거주 乙에게 주택 매도하면서 90. 11/27 주택 1층에 선세계약 체결 계속 거주, 91. 7/6 전세권설정 등기 경료 乙이 91. 4/3 丙에게 근저당설정, 丙의 임의 경매로 丁의 경락으로 전세권 등기 말소라도 임차권 강화 목적이면 대항력 유지

(4) 우선변제권의 승계

1) 우선변제권을 승계할 수 있는 금융기관 등 임차권과 분리하여 임차보증금을 양수한 자 : 우선변제권 상실(판). 그러나 금융기관이 보증금 채권을 계약으로 양수한 경우 ; 승계(법 제5조 ⑦)

2) 우선변제권행사의 제한
   ① 임차인의 대항력 상실
   ② 임차권 등기명령에 의한 임차권 등기말소
   ③ 민법 제621조에 의한 등기 말소

(5) 금융기관의 행위제한
임차인을 대위 또는 대리하여 임대차 해지 (×)

150강
주택임대차보호법(Ⅶ)

▶ 최우선변제권

1 의 의
보증금 중 일정액은 다른 물권자보다 우선변제 받을 권리
담보물권, 국세 가산금보다 우선변제

2 요 건
(1) 소액임차인 중 일정액

서 울	과밀인구 억제권역	광역시(인천, 군 ×) 안산, 용인, 김포	기타지역
1억 5천만원 중 5,000만원	1억 3천만원 중 4,300만원	7,000만원 중 2,300만원	6,000만원 중 2,000만원

(시행령 부칙)

개정규정은 이 영 시행 당시 존속 중인 임대차계약에 대해서도 적용하되, 이 영 시행 전에 임차주택에 대하여 담보물권을 취득한 자에 대해서는 종전의 규정에 따른다.

> 판례 임대차보증금의 감액으로 소액임차인에 해당한 경우 ; 통정허위표시 등 특별한 사정이 없는 한 보호

> 판례 사무실용 건물이 저당권설정 후 주거용으로 용도변경된 경우 ; 보호

(2) **대항요건의 구비와 유지**(확정일자 불요) : 경매신청 등기 전 구비
(3) **배당요구** : 임대차 종료 전이라도 경매법원에 우선변제 청구
(4) **배당요구 또는 우선변제 신고**

> 판례 미등기 건물의 대지에 우선변제, 최우선변제 : 가능

3 소액보증금의 범위와 한도

(1) **소액보증금이 주택가격의 1/2 초과하는 경우** : 1/2에 해당하는 금액까지만 우선변제
(2) **수인 소액보증금 중 일정액의 합계액이 주택가격의 1/2 초과하는 경우** : 각 임차인의 소액보증금 중 일정액 / 각 보증금 중 일정액의 합산액 × 주택가격의 1/2
(3) **수인의 임차인 가정공동생활** : 2인 이상 → 1인 간주

> 판례 주택임차인이 소액보증금에 대하여 대지와 건물 모두로부터 배당받는 경우 : 안분배당 (제368조 ① 적용)

4 효 과

담보물권보다 우선
(근)저당권, 담보가등기, 전세권, 확정일자 부 임차인

5 주택임대차보호법의 악용(우선변제 ×)

> 판례 채권자의 우선변제 목적 임대차계약 (×)

> 판례 근저당 최고액의 합계가 시세 초과, 곧 경매 개시. 시세보다 현저하게 낮은 보증금 (×)

151강 주택임대차보호법(Ⅷ)

▶ 임차권 등기명령제도

1 의의
(1) 임대차가 끝난 후 보증금을 받지 못한 임차인, 우선변제권을 승계한 금융기관 등은 지방법원 등에 임차권 등기명령 신청
(2) 간이한 절차에 의하여 대항력과 우선변제 유지하면서 거주이전 기회 제공

2 등기명령 신청
(1) **요건** : 임대차 종료, 임차인(승계금융기관) 단독 신청
(2) **절차**
   소재지 관할 지방법원 등. 기각하는 결정에 대한 임차인의 항고

3 등기경료의 효력
(1) **대항력 및 우선변제권**
(2) **임차권등기 이후의 임차인** : 우선변제권 (×)

> 판례) 명령에 의한 임차권등기를 한 보증금반환 채권자
>   - 배당요구를 하지 않아도 배당받을 수 있는 채권자
> 판례) 보증금반환의무와 명령에 의한 등기말소 : 동시이행 관계 (×)

(3) **임차인의 등기비용 청구권**

▶ 경매에 의한 임차권의 소멸
(1) 임차주택은 경락에 따라 소멸, 그러나 대항력 있는 임차권은 소멸 (×)
   1) 보증금 반환받을 때까지 임대차 존속, 잔액으로 경락인에 대항 가능
   2) 우선변제권은 소멸하나, 대항력은 유지. 경락인은 임대인의 지위
(2) **대항력** ; 최선순위 저당권이나 가압류보다 선순위

▶ 승계주택임차권의 승계

1 **승계인**(임차인 사망)

(1) 법정상속권자가 있는 경우

  1) 임차인과 상속권자 동거 : 법정상속권자가 승계

  2) 법정상속권자가 가정공동생활(×)

    동거 사실혼 배우자와 2촌 이내의 친족이 권리의무 승계

(2) 법정상속권자가 없는 경우 : 사실혼 배우자가 승계

(3) 승계의 효과

  1) 임대차의 권리 의무는 동일성을 유지하며 승계

  2) 승계의 제한 : 1개월 이내에 반대의사 표시

2 **강행규정 및 소액사건 심판법의 준용**

♣ 기 타

주택임대차위원회(위원장 법무차관)

주택임대차 분쟁조정위원회

상가건물 임대차보호법

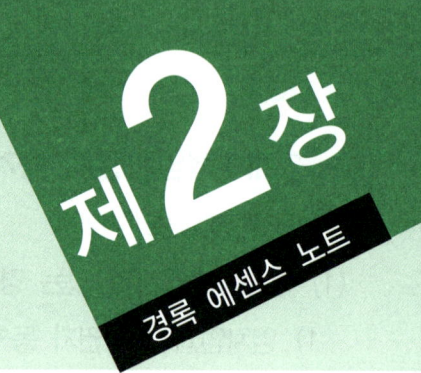

152강 상가건물 임대차 보호법(Ⅰ)

▶ 상가건물 임대차보호법

1 제정취지 : 민법에 대한 특례 규정

경제적 약자 보호

2 적용범위

(1) 사업자등록의 대상인 상가건물의 임대차

  1) 상가건물 : 실질적으로 판단

  > 판례) 단순히 상품의 제조·판매·가공 등 사실행위, 창고·공장 등은 영업용이라 할 수 없으나, 영리활동이 함께 이루어진다면 상가

  2) 부가세법, 소득세법, 법인세법 등 사업자등록

   종교·자선단체, 친목단체(×)

  3) 법인 포함

(2) 보증금의 범위

  1) 서울 9억, 과밀억제권역 6억9천, 광역시 5억4천, 기타 3억7천

  2) 환산보증금 : 보증금 + 월세×100

  3) 초과보증금에 예외적 적용

    ① 대항력

    ② (10년 내)갱신요구권, 보증금 증감청구

    ③ 권리금

    ④ 차임연체와 계약해지

    ⑤ 표준계약서

  4) 적용 제외 : 일시 사용(×)

  5) 미등기 전세에 준용 : 전세금은 임대차 보증금으로 본다.

3 대항력

(1) **취득요건** : 인도 + 사업자 등록

- 판례 일부 임대차 : 도면 첨부
- 판례 대항력·우선변제(확정일자) : 배당요구 종기까지 유지

(2) **대항력의 내용**

1) 건물의 양수인은 임대인의 지위 승계
2) 등록사항의 열람 제공 : 이해관계인

- 판례 신 소유자와 동일건물에 새로운 임대차계약 : 종전 대항력 소멸
  (신 소유자에게 종전 임대차 주장 ×)

▶ 존속기간

1 최단기간 : 1년

(1) 기간을 정하지 아니하거나 1년 미만으로 정한 때에는 1년

임차인은 1년 미만 기간 유효성 주장(○)

(2) 보증금의 반환과 임대차관계의 존속

2 계약의 갱신요구권(초과보증금에 적용)

(1) 기간만료 전 6~1월 사이에 일정 요건

★ 거절사유
1) 3기 이상의 연체차임
2) 거짓 부정 임차
3) 합의에 의한 상당한 보상
4) 동의 없는 건물 전부 또는 일부 전대
5) 임차인의 고의·중과실로 건물의 전부·일부 파손
6) 임차한 건물의 멸실로 인한 목적달성 불능
7) 계약 당시 철거·재건축 고지, 안전사고 위험, 다른 법령에 따라 철거 등
8) 기타 의무위반 임대차존속 곤란 사유

- 판례 갱신요구권 행사 후 신규계약 : 실질 갱신(○), 재계약(×)
- 판례 거절사유가 없는 한 임차인은 거절통지 전·후에 무관하게 갱신요구권 행사 가능
- 판례 갱신임대차의 연체차임 이유 해제 : 갱신 전·후에 걸쳐 2기의 연체가 있는 경우

(2) **요구권의 범위** : 10년 범위 내, 차임은 증감청구(5/100)

- 판례 최초의 임대차 포함 : 법 시행 전후 불문

153강
상가건물 임대차
보호법(Ⅱ)

(3) **갱신 임대차의 조건** : 전 임대차와 동일

　차임 등 증감청구 : 제11조 범위, 초과보증금(무제한)

3 묵시적 갱신(법정갱신) : 초과보증금에 적용(×)
(1) **의의** : 기간만료 전 1~6월 사이에 일정 요건 : 전 임대차와 동일조건 갱신. 기간 1년
(2) **임차인의 해지통고** : 3월 후 종료. 요구권과 달리 10년 제한(×)

▶ 보증금의 회수
1 우선변제권
(1) **우선변제권의 인정**
  1) 대항요건 + 확정일자를 갖춘 임차인
  2) 경매·공매 시 건물(대지가 포함) 환가대금에서 후순위권리자 기타 채권자보다 보증금 우선변제
(2) **우선변제권의 행사방법**
  1) 확정판결 등 집행권원에 기한 경매신청
    집행개시의 요건 : 반대채무의 이행(제공)불요, 보증금 수령=건물인도
  2) 이의가 있는 이해관계인 경매법원, 체납처분청에 이의 신청
(3) **금융기관 등의 우선변제권 승계**
  1) 우선변제권을 행사할 수 있는 금융기관 등
    [판례] 임차권과 분리하여 우선변제권을 승계한 자 ; 우선변제권 상실 그러나 보증금반환채권을 계약으로 양수한 금융기관 등 ; 우선변제권 승계
  2) 우선변제권의 행사제한
    ① 임차권의 대항력상실
    ② 명령에 의한 임차권등기 말소
    ③ 민법 제621조의 임차권등기 말소
  3) 금융기관 등의 행위 제한
    임차인을 대위, 대리하여 계약 해지(×)

154강
상가건물 임대차 보호법(Ⅲ)

(4) 등록사항 등의 열람 제공

이해관계 있는 자는 건물소재지의 관할 세무서장에게 일정한 사항을 열람 제공 요청할 수 있고, 서장은 정당한 이유 없이 거절(×)

1) 이해 있는 자의 범위 : 임대인, 임차인, 건물소유자, 승계 금융기관 등
2) 열람 제공 사항 : 임대인, 임차인의 성명, 주소, 주민(외국인)등록번호 앞 6자리, 보증금, 임대차 기간 등
3) 첨부서류 : 이해관계자임을 입증할 수 있는 서류
4) 전자적 방법으로도 可

2 최우선변제권

(1) 의의

임차인이 해당건물(대지포함)가격의 1/2 범위 안에서 보증금 중 일정액을 담보물권자보다 우선변제

(2) 요건

1) 보증금이 일정범위 내

구 분	서 울	과밀인구 억제권역	광역시	기타지역
보증금	6,500만원 이하	5,500만원 이하	3,800만원 이하	3,000만원 이하
최우선변제금	2,200만원	1,900만원	1,300만원	1,000만원

2) 경매신청등기 전 대항요건(인+사) 구비
3) 확정일자 불요

(3) 우선변제를 받을 보증금의 범위

1) 보증금 중 일정액이 상가건물가액의 1/2 초과 :
   1/2에 해당금액 우선변제
2) 임차인이 2인 이상이고 일정액의 합산액이 상가가액의 1/2 초과 :
   1/2 해당금액을 일정액비율로 분할한 금액 우선변제

155강 상가건물 임대차보호법(Ⅳ)

▶ 임차권등기 명령제도

1 의 의
종료 후 보증금을 받지 못한 임차인 지방법원 등에 신청
기각 결정이 있는 경우 임차인 항고 가능

2 등기명령신청
(1) **신청서 제출** : 소재지 관할 지방법원, 그 지원, 시·군 법원
(2) **신청서 기재사항** : 신청 취지 및 이유
(3) 신청기각 결정에 임차인 항고

3 효 력
(1) 대항력 및 우선 변제권
(2) 임차권등기 이후의 임차인 : 우선 변제권(×)
(3) 임차인의 등기비용청구권

▶ 차임 등 증감청구
(1) 차임, 보증금이 조세, 공과금, 부담의 증감이나 감염병 등에 의한 경제사정으로 상당하지 아니하게 된 때 ; 장래를 향해 차임 보증금 증감 청구
(2) **증액제한**
  1) 보증금의 5/100 초과(×)
     초과하는 약정은 초과 범위에서 무효. 지급된 부분은 부당이득 반환(판)
  2) 1년 이내 증액 금지. 종료 후 재계약 당사자의 합의면 유효(판)
  3) 감염병, 경제사정 변동으로 감액된 차임이 증액되는 경우에 종전의 금액에 달할 때까지 증액제한(×)

▶ 월차임 전환 시 산정률 제한
일정 비율

▶ 소액사건 심판법의 준용

▶ 편면적 강행규정

▶ 권리금

1 권리금의 정의
(1) 의의
영업시설·비품, 거래처, 신용, 노하우, 위치의 이점 등 유형·무형의 가치를 금전으로 평가한 것
(2) 권리금계약의 의의
신규임차인이 되려는 자 → 임차인
임대인은 권리금의 당사자(×)

2 권리금의 회수 기회 보장 등
(1) 임대인의 방해행위 금지 의무
임대인은 임대차 종료 전 6개월부터 권리금 지급방해행위 금지
단, 갱신요구 거절사유(제10조)이면 (×)

★ 방해행위(임차인이 주선한 신규임차인이 되려는 자에게)
  1) 신규임차인이 되려는 자에게 권리금 요구, 수수하는 행위
  2) 임차인에게 권리금을 지급하지 못하게 하는 행위
  3) 차임, 보증금 등 부담에 따른 금액보다 현저히 차임 보증금 요구
  4) 정당한 사유 없이 신규임차인과 임대차계약을 거절하는 행위

★ 거절 정당한 사유
  1) 신규 임차인이 보증금, 차임을 지급할 자력이 없는 경우
  2) 임차인으로서 의무 위반 우려, 임대차 유지 곤란 사유
  3) 상가건물을 1년 6개월 이상 영리목적으로 사용하지 않는 경우
  4) 신규임차인이 권리금을 지급하지 않는 경우

★ 권리금 회수 기회를 보장할 필요 없는 경우(갱신 요구 거절 사유)
  1) 3기 이상의 연체 차임
  2) 거짓 부정 임차
  3) 합의에 의한 상당한 보상
  4) 동의 없는 건물 전부 또는 일부 전대
  5) 임차인의 고의·중과실로 건물의 전부·일부 멸실
  6) 멸실로 인한 목적달성 불능
  7) 계약 당시 철거, 재건축 고지, 안전사고 위험, 다른 법령
  8) 기타 의무위반 임대차존속 곤란 사유

(2) 임대인의 손해배상 책임
  1) 손해배상액 = 신규임차인이 임차인에게 지급하기로 한 금액과 임대차 종료 당시의 권리금 중 낮은 금액
  2) 소멸 : 임대차 종료일로부터 3년 이내 행사

(3) 임차인의 알고 있는 정보제공의무 : 임차인이 되려는 자의 자력 등

(4) 권리금의 적용 제외
  1) 유통산업발전법 제2조 대규모 점포의 일부(전통시장 제외)
  2) 국유재산, 공유재산

3 표준계약서의 작성 : 국토부장관 사용권장

4 권리금 평가 기준의 고시

▶ 전대차 관계에 대한 적용

(1) 갱신요구권 및 보증금의 증감청구권, 차임연체 계약해지권, 차임 등의 증감청구권 및 산정률 제한 : 전대인과 전차인의 전대차 관계에 적용

(2) 임대인의 동의 있는 전차인 : 임차인의 갱신요구권 대위하여 임대인에게 행사

▶ 상가건물 임대차분쟁조정위원회

가등기담보 등에 관한 법률

156강
가등기담보 등에
관한 법률(Ⅰ)

▶ 가등기담보 등에 관한 법률

1 비전형 담보제도
(1) 매매의 형식을 취하는 경우 : 환매, 재매매의 예약
(2) 소비대차의 형식을 취하는 경우 : 양도담보
(3) 소비대차의 형식과 가등기를 이용하는 경우 : 가등기담보

2 가등기담보의 성질
(1) 담보물권성(다수설) : 경매권 인정, 우선변제권 인정 등 근거
(2) 담보물권 : 부종성, 수반성, 불가분성, 물상대위성

3 가등기담보의 설정 및 적용범위
(1) 가등기담보 계약
  1) 의의 : 대물반환의 예약 등(환매, 양도담보 등 명칭 불문)
  2) 가등기담보계약의 당사자
    담보권자(채권자) + 설정자(채무자, 제3자 = 물상보증인)
    [판례] 채권자 아닌 제3자 명의로 설정된 저당권(가등기 담보권)의 효력
        (= 제한적 유효)
  3) 목적물 : 부동산, 등기·등록되는 동산
    소유권 이외의 권리(질권, 전세권, 저당권) (×)
    [판례] 토지지분에 대한 가등기담보 : 수인의 채권자가 지분별로 독립된 예약완결권을
        갖는 경우 – 청산절차 후 독립하여 소유권이전 청구
  4) 피담보채권 : 소비대차에 기한 채권에만 적용
    [판례] 매매잔대금채권담보 (×), 공사대금채권담보 (×)
    [판례] 금전소비대차에 기한 차용금채무와 기타 채무를 동시에 담보할 목적으로 경료되
        었으나 금전소비대차에 기한 채권만 남게 된 경우 (○)

5) 채권의 특정 여부 : 근가등기담보 인정

★ 피담보채권에 대한 판례
1) 예약 당시 담보물의 가액 > 차용금과 이자의 합산액이어야 한다.
2) 권리보전을 위하여 선순위담보채무를 대위변제한 구상금 (○)

(2) 가등기(또는 가등록)

1) 공시방법 : 가등기, 등기비용은 채권자 부담
2) 저당권과의 차이 : 채권액, 채무자, 변제기, 이자 등 기재 (×)
3) 실체적 효력 : 순위보전적 효력 외에 경매권, 우선변제권
4) 양도담보에 적용 : 담보목적의 소유권이전 등기

(3) 가등기담보권의 적용범위

1) 가등기담보권·양도담보권의 요건을 갖춘 경우에 적용
2) 소유권 이외의 권리에 적용, 질권·저당권·전세권 (×)

157강 가등기담보 등에 관한 법률(Ⅱ)

4 가등기담보권의 효력

(1) 효력이 미치는 범위

1) 피담보채권의 범위 : 민법 제360조

> 판례 기존 가등기담보에 피담보채권을 추가·변경·확장하는 경우 ;
> 확장한 부분은 이해관계 있는 제3자에 대한 관계에서는 우선변제 (×)

2) 목적물의 범위 : 부합물, 종물, 물상대위성

(2) 대내적 효력 : 설정자가 목적물 사용 수익
(3) 대외적 효력 : 양도성, 별제권

5 가등기담보권의 실행방법

(1) 2가지 방법

1) 담보권자가 목적물의 권리취득
2) 경매. 처분청산 부인

(2) 권리취득에 의한 실행

1) 실행통지

① **통지사항**

　㉠ 담보부동산의 평가액, 채권액

　㉡ **담보부동산 2 이상** : 각 부동산의 소유권이전에 의하여 소멸시키려는 채권액과 그 비용

　㉢ 청산금이 없는 경우에도 통지

　㉣ **통지의 구속력** : 통지한 액수가 부정확하더라도 절차 진행, 채권자는 이에 구속되어 액수를 다툴 수 없다.

② **상대방** : 채무자, 물상보증인, 제3취득자(필수)

> [판례] 통지를 하지 않으면 청산기간이 진행할 수 없게 되고, 그 후 적절한 청산금을 지급하거나 실제 지급할 청산금이 없다고 하더라도 본등기를 청구 불가. 편법으로 본등기해도 소유권 취득 불가

> [판례] 법 제3조(실행통지 청산기간), 제4조(청산금지급 소유권 취득) 위반하여 경료된 본등기 :
> ① 무효
> ② 가등기권리자와 채무자의 특약에 의한 것이라도 채무자에 불리하면 무효
> ③ 약한 의미의 양도담보 내에서 유효(×). 다만 청산급 지급 등 2월 경과면 실체관계부합(有)

③ **통지의 시기** : 변제기 후

④ **통지의 방법** : 서면, 구두

> [판례] 주관적으로 평가한 금액이 정당한 청산금에 미치지 못하는 경우 :
> ① 통지 유효, 청산기간 진행, 본등기 가능
> ② 채무자는
> 　(a) 이전등기 인도 거절
> 　(b) 채무전액 변제하고 가등기 말소 청구
> 　(c) 정당하게 평가된 청산금 청구. 다만 통지한 금액에 (명시적, 묵시적) 동의함으로써 청산금 확정

158강 가등기담보 등에 관한 법률(Ⅲ)

2) 청산
  ① 청산금 : 부동산가액 − 채권액(선순위담보채권 포함)

  사례 목적 토지(5억)의 청산금 산정
      1) 1순위 저당권자 乙(채권액 2억원)
      2) 가등기담보권자 甲(채권액 1억원)
      3) 2순위 저당권자 丙(채권액 5천만원)

★ 청산금 2억 원 = 5억원(목적물 가액) − (2억원 + 1억원)
  1) 甲이 권리취득하는 경우 목적 토지에 저당권 존재, 청산금 계산에서 공제
  2) 丙의 채권은 후순위 청산금에서 지급하면 되므로 별도 공제 불요
     − 만약 丙이 甲에게 청구하면 청산금의 범위에서 직접 지급(법 제5조 ①)
  3) 경매에 의하게 되면
     甲 : 1억원, 乙 : 2억원, 丙 : 5천만원, 토지소유자 : 1억 5천만원 배당

② 청산금 청구권자
  ㉠ **채무자 등** : 채무자, 물상보증인, 소유권의 제3취득자
  ㉡ **후순위 권리자** : 가등기 후의 저당권자, 전세권자, 담보가등기 권리자
  ㉢ 가등기 후의 대항력 있는 임차인 : 청산금의 범위 내에서 보증금 반환 청구

③ **청산금 지급시기** : 채권자가 청구권자에게
  ㉠ 청산기간(실행통지 도달 후 2월 경과) 만료 시
  ㉡ 그 이전에 지급하면 후순위 권리자에 대항 (×)

④ **청산금 공탁** : 청산금이 (가)압류 시
  ㉠ 관할 지방법원에 공탁하고 채무를 면할 수 있다.
  ㉡ 채무자 등과 압류채권자에게 지체 없이 통지

⑤ 소유권의 취득
  ㉠ 절차 후 가등기에 기한 본등기를 하면 목적물의 소유권 취득
  ㉡ 청산금 지급의무 = 소유권 이전 등기 및 인도채무
  ㉢ 청산절차 위반 본등기 무효, 그러나 청산금 지급 등 후에 2월 경과면 실체관계에 부합하는 등기로 유효(판)

⑥ 법정지상권의 성립

3) 후순위권리자(저당권자, 전세권자, 가등기 담보권자)의 보호
   ① 청산금에 대한 권리행사
      ㉠ 통지된 평가금액의 범위 내에서, 청산금이 지급될 때까지 권리행사. 지급시 채권소멸
      ㉡ 채권자에 직접 청구
   ② 채무자 이외의 자에 대한 실행통지
      ㉠ 채무자 등에게 통지 도달 후 지체 없이 통지
      ㉡ 등기부상 주소, 임차인에 대하여는 부동산 소재지로
   ③ 경매권(청산기간 내)
   ④ 채무자가 청산기간 이전에 청산금에 대한 권리의 양도 처분으로써, 지급으로 후순위권리자에 대항(×)

   판례 후순위권리자에 대한 통지 결여 ; 담보권 실행 거절(×)

(3) 경매에 의한 실행

1) 경매청구와 우선변제권
   ① 가등기담보권을 저당권(순위는 가등기 시)으로 본다.
   ② 가등기담보권자는 다른 채권자보다 우선변제
2) 배당절차참가
   법원에 채권신고한 경우에만 매각대금에서 배당, 변제금 수령

6 가등기 담보권의 소멸

(1) 일반적 소멸사유 : 변제, 소멸시효의 완성, 목적물의 멸실

> 판례) 가등기 말소의무와 변제의무 = 동시이행(×) 변제가 선행의무
> 피담보채권과 별도로 가등기담보권만 소멸시효에 걸리지 않는다.

(2) 채무자 등의 말소청구

  1) 의의 : 채무전액 지급하고 말소청구
  2) 행사방법
     ① 주체 : 채무자, 물상보증인, 제3취득자
     ② 행사시기 : 청산금 지급시까지 말소청구
        변제기 경과 후 10년 경과(×) 선의의 제3자가 소유권 취득(×)
     ③ 채무액의 지급 : 전액
  3) 적용범위 : 가등기 이전등기 말소 청구(판)

(3) 목적물의 매각

> 판례) 경매로 경락인 소유권 취득 후의 가등기가 본등기 된 때 – 무효

7 양도담보 특유한 점

경매부인, 청산금 지급으로 권리취득

집합건물의 소유 및 관리에 관한 법률

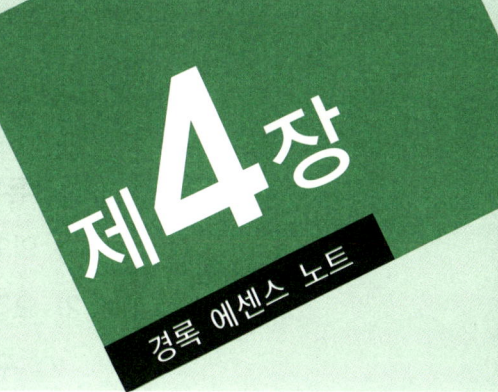

159강
집합건물의 소유 및 관리에 관한 법률(Ⅰ)

▶ **집합건물의 소유 및 관리에 관한 법률**

1 서 설
(1) **입법목적** : 공동생활의 이해관계 조정
   민법 제215조(건물의 구분소유) : 특별법
(2) **적용범위** : 집합건물
   1) 주거(아파트, 연립, 다세대), 비주거(오피스텔, 업무용 빌딩, 상가, 복합건물)
   2) 1동의 건물이 구조상·기능상 수 개의 부분이 독립된 소유권. 본 법의 관리 대상
   3) 주택법, 공동주택 관리법의 (관리방법, 하자)**특별규정** : 이 법에 저촉되어 구분. 소유자의 기본적 권리를 해하지 않는 범위에서 유효

2 건물의 구분소유
(1) **구분소유권**
   1) 의의 : 구조상·이용상 독립성
   2) 성질 : 소유권과 동일
   3) 성립요건 : 구조상·사용상 독립성, 구분의사(판)
   - 〔판례〕 건축물대장에 등록된 구분건물로 등록된 시점. 이후의 개조나 이용 상황의 변화(×)
   - 〔판례〕 집합건물의 신축 : 완성된 건물의 소유권을 도급인에게 귀속시키기로 합의하는 경우에는 전유부분의 소유권은 도급인에게 귀속
   - 〔판례〕 건물이 완성 전 분양계약으로 구분 의사가 표시되고, 이에 따라 구분소유 성립 이후 소유자가 분양계약 해지 1동의 건물 전체를 1개의 건물로 보존등기 : 구분소유 소멸
     - 폐지 전 각 건물 부분에 유치권이 성립하더라도 동일

160강 집합건물의 소유 및 관리에 관한 법률(Ⅱ)

(2) 전유부분

  1) 의의 : 구분소유권의 목적인 건물부분

  2) 요건

    ① 구조상 독립성 : 벽, 천장, 바닥, 문, 창 등의 구조

    ② 기능상 독립성 : 주거, 점포, 창고, 사무실 등

    🔖 판례 임차인의 증축부분 : 기존건물과 구분되는 독립성이 있는 경우 – 구분소유권의 객체 가능

    🔖 판례 일시적 독립성 상실 : 경계벽 제거라도 각 구분건물의 위치와 면적 특정 가능. 일시적인 것으로 복원이 용이하면 구분건물 등기 유효

    ③ 상가건물의 구분 소유 특례(제1조의2) : 판매시설 운수시설 1천m^2 이상, 견고한 건물번호표시

3 공용부분

(1) 의의·범위

  1) 의의 : 전유 부분 이외의 건물 부분

  2) 범위

    ① 전유부분 외의 건물부분 : 옥상, 계단, 지주, 지붕, 승강기

    ② 전유부분에 속하지 않은 부속물 : 수위실, 화장실, 수도 등 배관

    ③ 규약 공정증서에 의한 공용부분 : 관리실, 집회실, 공동창고

  3) 등기 : 규약 등에 의한 공용부분 : 공용부분인 취지 등기 요

(2) 공용부분의 귀속

  전원의 공유, 예외 : 일부 구분소유자만의 공용

(3) 공용부분에 대한 지분

  1) 공유자의 지분권 : 전유부분의 면적비율

  2) 지분의 일체성 : 전유부분의 처분에 따른다.

    분리처분금지, 물권의 득실변경 : 등기 불요

(4) 공용부분의 사용권 : 용도에 따라 사용

(5) 공용부분의 변경(제15조)

1) 관리단 집회(구분소유자 및 의결권의) 2/3 이상 찬성 결의
2) 예외(제38조 ①, 통상결의)
   ① 공용부분의 개량을 위한 지나치게 많은 비용(×)
   ② 관광진흥법상 휴양 콘도미니엄법의 공용부분 변경에 관한 사항인 경우
      － 이 경우 구분소유자의 권리에 특별한 영향을 미칠 때에는 그 구분소유자의 승낙 요

   🔖 판례 공용부분에 새로운 전유부분 증축으로 집합건물의 구조변경, 증축으로 인한 대지지분 변경 ; 전원 동의(민법상의 공유물의 처분·변경 규정 준용)

(6) 권리변동 있는 공용부분의 변경(법 제15조의 2)

1) 건물의 노후화 억제, 기능 향상 등을 위한 것으로 구분소유권 및 대지사용권의 범위나 내용에 변동을 일으키는 사항 ; 구분소유자의 5분의 4, 의결권의 5분의 4 이상 결의 요
2) 결의에서는 정하여야 하는 사항(③~⑦까지의 사항 ; 각 구분소유자 사이에 형평 유지 요)
   ① 설계의 개요
   ② 예상 공사 기간 및 예상 비용(특별한 손실에 대한 전보 비용을 포함한다)
   ③ 제2호에 따른 비용의 분담 방법
   ④ 변경된 부분의 용도
   ⑤ 전유부분 수의 증감이 발생하는 경우에는 변경된 부분의 귀속에 관한 사항
   ⑥ 전유부분이나 공용부분의 면적에 증감이 발생하는 경우에는 변경된 부분의 귀속에 관한 사항
   ⑦ 대지사용권의 변경에 관한 사항
   ⑧ 그 밖에 규약으로 정한 사항
3) 이 관리단집회의 의사록에는 결의에 대한 각 구분소유자의 찬반 의사를 적어야 한다.
   결의가 있는 경우에는 제48조(구분소유권 등의 매도청구) 및 제49조(재건축에 관한 합의)를 준용한다.

(7) 공용부분의 관리
- 권리변동 있는 공용부분의 변경 이외의 관리는 통상결의(구분소유자 및 의결권 과반수)
  단 보존행위 각자
- 일부 공용부분 ; 일부 구분소유자의 의결(원칙)
  단, 전체의 이해관계이면 전체의 집회 결의
- 전유부분점유자는 집회에 참석하여 그 구분소유자의 의결권을 행사. 다만, 구분소유자와 점유자가 달리 정하여 관리단에 통지한 경우(×)
  구분소유자의 권리·의무사항을 결정하는 집회에는 점유자는 사전 의결권 행사

(8) 하자추정 : 1동의 건물의 설치·보전의 하자는 공용부분에 존재 추정

(9) 공용부분의 부담·수익 : 지분비율에 따라 관리비 등 의무부담, 이득 수익

> 판례 관리비징수규약 등 부 존재 : 공용부분 관리비 청구 가능
> 판례 체납관리비의 특별승계인에의 승계 : 공용부분 관리비 승계, 체납관리비의 연체에 부과되는 연체료 승계(×)
> 판례 구분소유권이 순차로 연계된 경우 : 구본소유권의 최종 승계인뿐만 아니라 이전의 승계인들 체납관리비의 중첩적 승계

(10) 공용부분에서 발생한 채권의 효력 : 공유자가 공용부분에 관하여 가지는 채권은 특별승계인에게도 효력이 있다.

(11) 부속시설 : 공유부분에 관한 규정 준용

4 대지 및 대지사용권

(1) 건물의 대지
  1) 의의 : 전유부분이 속하는 1동의 건물이 소재하는 토지 및 규약에 의한 건물 대지
  2) 건물대지의 범위
    ① 1동의 건물이 소재하는 토지
    ② 규약공정증서에 의하여 일체로 관리되는 토지
    ③ 건물이 멸실함에 따라 건물소재 아닌 토지
    ④ 토지분할로 건물소재 아닌 토지

161강
집합건물의 소유 및 관리에 관한 법률(Ⅲ)

(2) 건물대지의 분할 금지

그 건물의 사용에 필요한 범위 내에서 구분소유자는 분할청구금지

(3) 대지사용권

1) 의의 : 구분소유자가 전유부분을 소유하기 위하여 건물 대지에 가지는 권리. 소유권, 지상권, 임차권이 있다.

2) 구분소유권과 일체성

① 전유부분의 처분에 따른다.

② 전유부분과 분리처분 금지. 단 규약에 다르게 정함

③ 그 취지를 등기하지 않으면 선의의 물권 취득한 제3자에 대항(×)

④ 매수인이 전유부분에 관해서만 이전받고 대지지분을 이전받지 못한 경우 : 매매계약의 효력으로 대지사용권 인정

> 판례 전유부분만 이전받은 구분소유자 ; 매매의 효력으로 대지 사용권. 단순한 점유권과 구별. 수분양자의 양수인도 동일

> 판례 전유부분만에 설정된 저당권 ; 분리처분 가능규약 등 특별한 사정이 없는 한 사후 대지사용권에 효력

> 판례 전유부분에만 소유권 이전받은 매수인의 지위에서 대지 점유·사용권 갖는 자. 대지사용권과 분리하여 처분금지, 전유부분 및 장래 취득할 대지권을 양도한 후 전유부분만 이전등기 해 준 경우 사후 취득한 사용권을 양수인 아닌 제3자에게 대지지분 처분 금지, 위반한 대지지분 처분행위는 무효

⑤ 전유부분의 처분에 따르는 대지사용권의 비율 : 구분소유자가 2개 이상의 전유부분을 소유한 때, 다른 정함이 없으면 전유부분의 처분에 따르는 대지권의 비율은 전유부분의 면적비율

⑥ 공유지분의 포기 등

민법 공유지분의 탄력성(제267조) 적용배제

⑦ 구분소유권에 대한 매도청구권

대지사용권을 가지지 아니한 구분
소유자 철거청구권을 가진 자는 시가로 매도청구권

162강 집합건물의 소유 및 관리에 관한 법률(Ⅳ)

5 관리조직

(1) 분양자의 관리의무 등

1) 관리의무 : 관리단의 관리 개시까지 선관주의로 건물, 대지, 부속시설 관리
2) 규약의 제정 및 교부의무 : 표준규약 참고, 공정증서로 규약작성. 분양계약 체결 전 교부
3) 관리단 집회의 소집의무 : 분양자는 예정된 매수인의 1/2 이상 이전등기한 날로부터 3월 이내. 규약 설정 및 관리인 선임(10인 이상)을 위한 관리단집회 소집 안 하면 지체 없이 직접 소집

(2) 관리단

1) 의의 : 전원으로 당연 성립, 법인격 없는 사단
   🟢 판례 조직행위 불요, 미분양된 전유부분 구분소유자 포함
2) 관리단의 의무 : 건물의 관리, 사용에 관한 구분소유자의 권리의무에 관하여 선관주의
3) 관리단 채무 : 변제 불가능 시 구분소유자 지분비율에 따라 변제책임, 특별승계인에도 책임
   * 단지 관리단에도 준용

(3) 관리인

1) 관리인의 선임·해임
   ① 10인 이상이면 선임 의무화
   ② 관리단집회 결의로서만 선임·해임(강행규정, 판)
   ③ 구분소유자일 필요 (×) 임기 2년
   ④ 부정행위·부적임 : 각 구분소유자는 법원에 해임청구

2) 관리인의 권한
   ① 공용부분의 보존·관리·변경행위
      ㉠ 공용부분의 보존 : 각 공유자와 직무 병존
      ㉡ 공용부분의 관리 : 관리단 집회의 과반수 결의와 직무병존
      ㉢ 공용부분의 변경행위 : 관리단 집회(2/3)의 특별결의 필요

② 분담금의 청구 수령 관리

③ 사업시행에 관련한 관리단 대표권

  ㉠ 관리단 대표권 : 재판상, 재판 외의 대표권

  ㉡ 규약·관리단집회 결의로 제한 가능(선의의 제3자에 대항 ×)

④ 규약·관리단집회 결의사항 집행권

3) 관리인의 의무

① 수임인의 의무 : 위임 관계

② 보고의무(매년 1회)

(4) 관리위원회

1) 의의 : 규약으로 설치. 관리인의 사무감독. 임의기관

   설치되면 관리인의 권한행사에 관하여 위원회의 결의를 거쳐야 한다.

2) 구성 및 운영 : 위원은 규약에 정함이 없는 한 구분소유자 중에서 선출

(5) 규약

1) 의의 : 법인의 정관과 유사한 관리단의 자치법규

2) 규약의 제정과 표준규약

   자유, 단 사회통념에 반하면 무효. 시·도지사는 표준규약 보급

   판례 건물 전체 또는 상당부분의 임대권한을 관리인에게 위임하는 규약 ; 무효

3) 규약의 설정·변경·폐지 : 구분소유자 및 의결권 3/4 이상 찬성.

   구분소유자의 권리에 영향 ; 승낙

4) 규약의 효력 : 제정 당시 구분소유자, 승계인

   점유자도 구분소유자와 동일한 의무. 제3자에 효력 (×)

5) 규약의 보관 및 열람

(6) 관리단집회

1) 의의 : 관리단의 최고 의결기관, 필수기관

2) 소집 : 정기회(매년 1회), 임시회(관리인, 구분소유자 1/5 이상)

3) 소집통지 : 1주일 전. 전원 동의 시 소집절차의 생략

4) 결의 사상 : 통지한 목적사항

163강
집합건물의 소유 및 관리에 관한 법률(Ⅴ)

5) 의결권 : 특별규정 없으면 지분(면적비율)

　① 공유인 경우 : 행사할 1인 정한다.
　　판) 분양대금을 완납했으나, 분양자 측의 사정으로 이전등기를 경료받지 못한 수분양자 ; 결의권 (○)
　② 점유하는 자의 의결권 : 구분소유자의 승낙

6) 의결방법

　① 특별규정이 없으면 구분소유자 및 의결권의 과반수
　② 서면, 전자적 방법, 대리인을 통하여 행사 가능 :
　　4/5 이상의 합의이면 관리단집회의 결의로 본다.
　③ 대리 : 미리 관리단에 대리인 신고

7) 점유자의 의견 진술권 : 구분소유자의 승낙을 얻어 점유하는 자는 이해관계 있는 경우에 집회에 출석, 의견진술 가능

8) 집회 결의의 효력

　① 포괄·특별 승계인, 점유자에도 효력
　② 건물 등 사용과 관련된 사항 ; 점유자에게도 효력

9) 결의취소의 소

　집회의 소집절차, 방법, 내용이 불공정 또는 법령위반 시 구분소유자 6월~1년 내에 법원에 제기

164강 집합건물의 소유 및 관리에 관한 법률(Ⅵ)

6 구분소유자 등의 권리·의무·책임

(1) 구분소유자의 권리

1) 공용부분에 대한 사용권
2) 관리단집회에서의 의결권
3) 관리인 해임청구권
4) 관리단집회의 소집청구 및 소집권
5) 타 전유부분 및 공용부분의 사용권

6) 하자추급권
   ① 분양자와 시공자의 담보책임
      - 구분소유자에 대하여 도급규정(민법 제667조 및 668조)에 따라 담보책임을 진다.
   ② 시공자가 분양자에게 부담하는 담보책임 중
      - 다른 법률특별규정이 있으면 시공자는 그 법률에서 정하는 담보책임의 범위에서 구분소유자에게 담보책임을 진다.
   ③ 시공자의 담보책임 중 도급에 따른 손해배상책임
      - 분양자에게 회생절차, 파산 등 무자력 등 사유가 있는 경우에만 지며, 시공자가 이미 분양자에게 손해배상을 한 경우에는 그 범위에서 구분소유자에 대한 책임을 면한다.
   ④ 분양자와 시공자의 담보책임
      - 이 법과 민법규정보다 매수인에게 불리한 특약은 무효
   ⑤ **담보책임의 존속기간**(제척기간)
      ㉠ 건물의 구조 및 지반공사의 하자 10년 이내, 그 밖의 하자 5년 이내 대통령으로 정하는 기간
      ㉡ 전유부분은 구분소유자에게 인도된 날, 공용부분은 사용검사(승인)일부터 기산
      ㉢ 건물의 멸실 훼손에는 1년 이내에 담보책임 추궁

   【판례】 담보책임 건물의 건축상의 하자(○) 대지부분의 권리 하자(×)
   【판례】 하자 추급권자 : 현재의 집합건물 구분소유자

165강 집합건물의 소유 및 관리에 관한 법률(Ⅶ)

(2) 구분소유자의 의무

1) 건물의 보존에 해로운 행위의 금지
2) 목적 이외의 사용금지
3) 위반자에 대한 조치

   관리인, 관리단집회의 결의로 지정된 구분소유자

   ① 공동의 이익에 반하는 행위의 정지
   ② 전유부분의 사용금지
   ③ 구분소유권의 경매청구 : 건물의 보존에 해로운 행위, 주거용도 외 사용, 증·개축 - 법원에 청구

   > 판례 건물 보존에 해로운 행위 관리, 사용에 반하는 행위 등 요건
   >   공동소유자 간의 갈등·반목 (×)

   > 판례 구분소유자라도 관리단집회에서 지정되지 않았다면 경매청구의 당사자 적격 (×)

   ④ 전유부분의 점유자에 대한 인도청구

7 재건축 및 복구

(1) 재건축

1) 요건 : 건물가격에 비하여 과다한 수선 복구 관리비

   재건축하면 현저한 효용증가

2) 결의

   ① 4/5 이상 찬성결의
   ② 타 건물 구분소유자의 승낙 : 단지 내의 다른 건물에 영향을 미치는 때
   ③ 관리단집회의 특별결의 : 설계개요, 비용의 개산액, 비용의 분담, 소유권의 귀속을 정한다.

★ 관련 판례
  1) 하나의 단지 내에 여러 동의 건물 : 동별 결의 필요
  2) 재건축비용의 분담을 정하지 않은 결의 : 무효
  3) 주위 토지를 합하여 신 건물대지 : 허용
  4) 재건축 결의의 변경도 : 서면합의 가능(4/5 이상 찬성)
  5) 최초의 재건축 결의 정족수 미달 : 서면동의로 보충 가능

3) 재건축절차

① 재건축 반대자에 지체 없이 재건축 참가 여부 확답 촉구

2개월 내 확답 없으면 반대 간주

② 구분소유권의 매도청구

지정 매수자는 2월 이내에 재건축에 참가하지 아니하는 뜻을 회답한 구분소유자에 대하여 매도할 것을 청구할 수 있다.

- 판례 매도청구의 상대방 : 대금청산이 완결될 때까지만 소유권 보유라 하더라도 대외적 처분권을 가진 등기부상 소유자인 분양자
- 판례 매도청구권 행사기간의 성격 : 제척기간. 기간 경과면 실효
- 판례 단지 내의 여러 동의 재건축인 경우 일부 동에 재건축 결의 요건을 갖추지 못한 동 ; 재건축 결의가 있는 동에서는 매도청구권 발생

(2) 복구

1) 전유부분의 복구 : 각 구분소유자의 책임과 비용

2) 공용부분의 복구

① 건물가격의 1/2 이하 멸실 : 각 구분소유자, 비용상환청구

② 건물가격의 1/2 초과 부분멸실 : 관리단집회 특별결의, 멸실 후 6월 이내에 복구 재건축 결의 없으면 다른 구분소유자에 대하여 매수청구

〈분쟁조정위원회, 건축물대장〉

부동산 실권리자명의 등기에 관한 법률

166강 부동산 실권리자명의 등기에 관한 법률(Ⅰ)

1 서 설

(1) 입법목적
  투기·탈세·탈법 등 부정행위 방지, 부동산거래 정상화

(2) 명의신탁약정
  2자 간 등기명의 신탁, 중간생략 등기형 명의신탁, 계약명의신탁

2 적용범위

(1) 적용대상 = 명의신탁 금지(제3조)
  부동산소유권 기타 물권을 보유, 취득하려는 자가 타인명의로 등기 또는 가등기 약정

  🔖 부동산 경매절차에서 매수자금 부담자가 타인명의로 매각허가 받기로 약정 ; 명의인이 소유권 취득, 명의인과 자금부담자 간에는 명의신탁 관계 성립

(2) 적용제외(제2조 제1호 단서)
  1) 양도담보, 가등기담보
  2) 부동산의 특정 부분을 소유하면서 공유등기(상호명의신탁)
  3) 신탁법 및 자본시장과 금융투자업에 관한 법률에 따른 신탁

(3) 예외적 허용(제8조)
  조세포탈, 강제집행의 면탈 또는 법령상의 제한회피 목적(×)
  1) 종중 보유 부동산 물권을 종중 이외의 명의로 등기한 경우
  2) 배우자 명의로 부동산 물권을 등기한 경우

  🔖 배우자에 사실혼은 제외
  🔖 무효등기 후 명의신탁자와 수탁자가 혼인한 경우
    - 그 때부터 유효

  3) 종교단체의 명의로 그 산하조직이 보유한 부동산 등기

167강 부동산 실권리자명의 등기에 관한 법률(Ⅱ)

(4) 유효한 명의신탁의 법률관계

1) 명의신탁 관계
   ① 제8조 기타 유효한 명의신탁
   ② 내부적으로는 신탁자가 사용·수익, 외부적으로는 수탁자가 권리행사
   ③ 수탁자는 취득시효 불가(타주점유)
   ④ 제3자의 점유취득시효가 완성하면 수탁자에 대하여 권리행사

2) 명의신탁 관계의 종료
   ① 수탁부동산의 멸실, 명의신탁의 해지 등
   ② 명의신탁의 해지 : 신탁자는 등기말소 또는 진정명의 회복을 위한 이전등기 청구. 등기청구권은 물권적 청구권 소멸시효 (×)(판)

3 명의신탁의 법률관계

(1) 명의신탁약정 및 그에 의한 등기의 효력

1) 당사자 간의 효력
   ① 당사자 간 : 약정과 물권변동은 무효
   ② 계약명의신탁에서 매수인의 상대방이 선의이면 유효

2) 제3자에 대하여 : 선·악 불문 대항 불가
   다만, 이중매매 법리(제3자가 수탁자의 배임행위에 적극가담) 무효

   🟢판례 무효인 명의신탁약정에 기한 등기 : 불법원인 급여(×)

   🟢판례 명의신탁자와 물권취득을 위한 계약을 맺고 등기명의만을 수탁자로부터 경료받은 것 같은 외관을 갖춘 자
   : 법상의 제3자 (×) 다만 실체 관계 부합 유효주장 가능

   🟢판례 명의수탁자의 처분으로 제3자가 소유권을 취득하면 신탁자는 소유권 상실, 등기말소청구, 진정명의 회복 이전 등기 청구 소멸. 수탁자의 소유권 취득에도 청구 불가

(2) 명의신탁약정의 유형별 효력

1) 2자 간 등기명의신탁

명의신탁자 → 명의수탁자 → 제3자
　　甲　　　　　乙　　　　丙

① 甲·乙 간의 명의신탁약정, 소유권이전등기 – 무효
② 명의신탁 해지를 원인으로 한 소유권이전청구 (×)
③ 甲은 乙에 대하여, 방해제거청구로 등기말소. 부당이득반환으로 등기말소청구. 이전청구도 가능
④ 乙이 제3자 丙에게 임의양도 – 丙(선, 악)의 권리취득
⑤ ④의 경우 신탁자는 수탁자에 불법행위 원인 손해배상 또는 양도대가에 대하여 부당이득반환청구 가능

2) 3자 간 등기명의신탁(중간생략형 명의신탁)

매도인 甲　　매수인 乙
　수탁자 丙 → 제3자 丁

① 丙 명의등기 – 무효, 甲은 물권적 청구권으로 등기말소청구
② 甲·乙 간의 매매계약은 유효. 乙은 대금지급하면서 소유권이전청구. 乙은 甲의 丙에 대한 등기말소청구권 대위행사(판)
③ 수탁자가 신탁부동산을 제3자에게 처분하면 丁의 권리 취득

> **판례** 유예기간(1년)의 경과로 무효가 된 경우
> ① 甲은 丙의 등기말소청구
> ② 乙은 甲을 대위하여 丙의 등기말소청구
> ③ 丙이 乙에게 바로 이전하면 실체관계 부합하는 등기로 유효
> ④ 乙이 丙을 상대로 부당이득에 의한 소유권이전청구 (×)

168강
부동산 실권리자명의 등기에 관한 법률(Ⅲ)

3) 계약명의신탁

　　매도인 丙　　　　신탁자 甲

　　　매수인, 수탁자 乙　→　제3자 丁

> 📕 **3자 간 명의신탁과 계약명의신탁의 구별**
> 　계약명의자(乙, 1/2 지분취득)가 명의수탁자로 되어 있더라도, 명의신탁자에게
> 　귀속시킬 의도로 계약을 체결한 사정이 인정되면, 3자 간 명의신탁
> 　① 명의신탁무효, 丙이 선의이면 수탁자 乙이 권리취득
> 　② 甲은 매도인과 무관, 부동산물권 취득을 위한 하등의 청구권 (×)
> 　③ 제3자 丁은 매도인의 선·악과 무관하게 권리취득
> 　④ 신탁자 甲은 수탁자 乙에 대하여 명의신탁에 의한 반환청구 (×)
> 　⑤ 甲은 乙에 대하여 부당이득 반환청구 (○)

> 📕 **부당이득반환**
> 　법 시행 이전의 명의신탁 : 부동산 자체
> 　법 시행 이후의 명의신탁 : 매수자금

> 📕 **경매절차에서 자금부담자 甲과 수탁자 乙**
> 　자금부담 여부와 무관하게 乙이 소유권 취득
> 　甲은 乙을 상대로 매수자금(부당이득)반환청구
> 　甲이 지정하는 丙에게 권리 이전하더라도 丙의 권리취득 (×)

> 📕 **부동산 경매절차에서 자금공여자가 아니라 명의대여자가 소유자**

> 📕 **부동산 경매절차에서 명의대여자 = 소유자**
> 　① 신탁자는 매수자금 부당이득 반환청구권을 가질 뿐
> 　② 매수자금에 갈음하여 명의신탁자 앞으로 소유권이전등기 ; 법 제4조 위반의
> 　　 무효라고만 볼 수 없다.
> 　③ 신탁자와 수탁자의 약정에 따라 신탁자가 지정하는 제3자에게 소유권이전등기
> 　　 ; 무효. 확정판결에 의한 이전의 경우에도 소유자는 명의수탁자

> 📕 **명의신탁에서의 수탁자의 처분행위가 횡령죄?**
> 　중간생략등기형 – 임의처분 횡령죄 성립
> 　매도인이 선의인 계약명의신탁 – 횡령죄 (×) 배임죄 (×)

시험장에서
눈을 의심할 만큼,
진가를 합격으로 확인하세요

정가 18,000원

경록 공인중개사
에센스 노트
② 1차 민법및민사특별법

발 행	2025년 1월 10일	
인 쇄	2024년 7월 18일	
연 대	최초 부동산학 연구논문에서부터 현재까지 (1957년 원전 ~ 현재)	
편 저	경록 공인중개사 교재편찬위원회, 신한부동산연구소 편	
발 행 자	이 성 태 / 李 星 兌	
발 행 처	경록 / 景鹿	
주 소	서울시 강남구 영동대로 114길 7 (삼성동 91-24) 경록메인홀	
문 의	02)3453-3993 / 02)3453-3546	
홈페이지	www.kyungrok.com	
팩 스	02)556-7008	
등 록	제16-496호	
I S B N	979-11-93559-48-2 14320	

대표전화 1544-3589

이 책의 무단전재·복제를 금함

이 책은 저작권법에 의해 저작권이 보호됩니다. 무단전재 및 복제행위는 이 법 제136조에 의해 5년 이하의 징역 또는 5,000만원 이하의 벌금에 처하거나 병과(倂科)할 수 있습니다.

26년연속99%
독보적 정답률

시험최적화 대한민국 1등 교재
(100인의 부동산학 대학교수진, 2021)
최초로 부동산학을 정립한 부동산학의
모태(원조)로서 부동산전문교육
1위 인증(한국부동산학회)
대한민국 부동산교육 공헌대상(한국부동산학회)
4차산업혁명대상(대한민국 국회)
고객만족대상(교육부)
고객감동 1위(중앙일보)
고객만족 1위(조선일보)
고객감동경영 1위(한국경제)
한국소비자만족도 1위(동아일보) 등 석권

부동산전문교육 67년 전통과 노하우

개정법령 및 정오사항 등은 경록 홈페이지에서 서비스됩니다.

알고 보니 경록이다

우리나라 부동산전문교육의 본산 경록 1957

한방에 합격은 경록이다

제1회 시험부터 수많은 합격자를 배출한 전문성 - 경록